《世界政治研究》
WORLD POLITICS STUDIES

图书在版编目(CIP)数据

世界政治研究.2020年.第二辑：总第六辑／中国人民大学国际关系学院主办.—北京：中国社会科学出版社，2020.4

ISBN 978-7-5203-6230-6

Ⅰ.①世… Ⅱ.①中… Ⅲ.①国际政治—研究 Ⅳ.①D5

中国版本图书馆CIP数据核字（2020）第054439号

出 版 人 赵剑英
策划编辑 王 茵
责任编辑 张冰洁 白天舒
责任校对 冯英爽
责任印制 王 超

出 版 中国社会科学出版社
社 址 北京鼓楼西大街甲158号
邮 编 100720
网 址 http://www.csspw.cn
发 行 部 010-84083685
门 市 部 010-84029450
经 销 新华书店及其他书店

印 刷 北京明恒达印务有限公司
装 订 廊坊市广阳区广增装订厂
版 次 2020年4月第1版
印 次 2020年4月第1次印刷

开 本 787×1092 1/16
印 张 10
字 数 174千字
定 价 48.00元

凡购买中国社会科学出版社图书，如有质量问题请与本社营销中心联系调换
电话：010-84083683

世界政治研究

2020 年第二辑（总第六辑）　　4 月 20 日出版

笔谈：跨国人口流动与世界政治变迁

【编者按】 作为全球化的一个重要维度，跨国人口流动对世界政治变迁产生了重要影响。近年来民族主义的复兴、民粹主义的崛起、恐怖主义的国际化等政治现象就展现了跨国人口流动给政治体系和政治过程带来的冲击。为此，我们约请相关学术领域的10位学者，就如下四个基本问题进行讨论：（1）世界政治视域下的跨国人口流动；（2）跨国人口流动与民主政治；（3）跨国人口流动与国家治理；（4）中外关系中的跨国人口问题。我们期待通过这组稿件激发学界对跨国人口流动与世界政治变迁关联性的深入思考。

又回移民的时代？

黄　平*

世界政治（world politics）在很长时间内不是简单的国际关系（international relations），但是近代以来，随着现代民族国家的兴起，分析单位很多时候变成了以国际关系替代世界政治，国际关系成为用得更多的研究视角和研究范式，甚至

* 黄平，中国社会科学院欧洲研究所研究员，中国世界政治研究会会长。

我们在看世界政治的时候往往也是用国际关系的视角，直到现在也基本是这样。国际关系这个学科也好，事实上的国际关系，乃至大国博弈也好，基本还是在国际关系这个框架下。但与此同时，这个世界一直就不只是国与国的关系，或者不是仅仅用国际关系就能看得清楚的，其中很重要的一个视角就是重新回到世界政治的概念。世界政治听上去好像是跟国际关系差异不大，然而这其实是完全不同的研究范式和理论，背后也有不同的研究方法。

关于如何看待移民这个现象，笔者借用“移民的时代”——这是著名学者史蒂芬·卡斯尔斯（Stephen Castles）1983 年出版的一本书的题目（“The Age of Migration”）。大概从 1995 年起我参加了他组织的移民研究网络（migration research network），背后主要研究的是移民现象，其目的是想要分析世界层面社会变迁的另外一个脉络，就是不以国家为单位，而是用世界政治的方法来处理这个跨越国家边界的移民问题。当时我们用的方法更多还是社会学的，还不是从世界政治的角度出发。今天，随着新一轮的全球化的发展，尤其是冷战结束以后，新的研究范式呼之欲出，或者已经不断地浮现，人们越来越发现，即使是国际关系的问题也不应只用国际关系的视角来处理。大国关系也许从世界政治的角度会看得更清楚，当然也包括历史的角度，历史上大量的变迁恰好是在世界政治视野下发生的，即使从移民的角度，狭义的是劳动力的流动，广义的是人口的迁移。笔者从世界政治的角度来看待不确定性，其中包括国与国的关系，也包括我们最熟悉的商品、资本、技术、服务和人口的跨国流动。我们今天看到的贸易战，是商品在国家之间流动形成所谓的贸易不平衡吗？19 世纪末 20 世纪初，列宁就说过资本主义已经由自由资本主义进入到垄断资本主义，其中一个重要的特点就是商品输出的地位越来越被资本输出所取代，或者资本输出已经具有了和商品输出一样的地位和意义，乃至于今天我们看到，资本输出变得更加重要了。其实这也解释了为什么美国会与那么多国家出现贸易不平衡，因为美国才是资本输出大国，要以此保持自己的金融霸权地位。这样，美国靠输出资本，从其他国家和地区进口商品，那怎么会平衡呢？

今天，或者说冷战结束以后，除了商品、资本、技术、服务和人口的跨国流动，还有一个非常重要的东西，那就是信息的流动，而且是越来越快、越来越爆炸式的、瞬间的、横向扩散式的，甚至是无限量的流动。信息古已有之，但是它现在又重新变得如此重要，如此规模和速度的流动是以前没有过的。另外一个类似的流动就是人口，或者移民，人口迁移，其中不仅包括劳动者，也包括投资者、旅游者、求学者，等等，还包括所谓非法的（illegal）、无证的（undocumented）、延长滞留的（over-stayed），甚至还有难民性质的和“恐怖主义者”性质的人口大规模地在世界层面快速流动，这在冷战结束前是很少见的，至少在第二次世界大战结束后，民族国家体系成为世界性现象以来也是少见的。如果说移民古已有之，但近代以来，由于国家边界以及国家间关系，人们被限定在一定的国别范围内（或欧盟那样区域范围内），超出这一定的范围就要用一定的手段或依据才能离开，需要获得诸如护照、签证等，实际上人的迁移不是因为有了民族国家架构之后就被中断、中止了，它可以改变形式，也可以放缓，包括当经济下行时，也有战争或动乱的原因，而且它本身其实也可以引发战争和动乱。

今天欧洲正面临着新一轮的难民危机，这只是事情的一个方面，而且这个方面是当我们还站在自己所处的民族国家地位或立场，用自己这个民族国家的角度来看，那他们是外来人，有的是非法移民，有的是难民。但是如果从全球化、全球流动的角度，这包括我们前面说的几个流动，即商品、资本、技术、信息和人本身的流动，从这个更大范围来看，那就不是该不该流动、合法不合法流动，以及由此该不该带来这些矛盾和冲突。在研究意义或认知意义上，最大的内在冲突，是当商品、资本、技术、信息等已经越来越全球化，越来越快甚至呈几何级数的量和速度跨国流动时，政治却似乎变得越来越地方化，政治不是一个世界政治（world politics），而是一个非常地方化（local）的现象，各国政治——无论是选举期间还是平时的政治运作中，所关心的主要是人们自己生活所在的地方，有时候连所在的国家都不是，只是所在的具体地方（州或者邦、省）的就业、福利、保障等。即使是美国的选举，都不是美国整个国家层面的政治，而是人们所在州的就业、福利、基础设施、医疗，非常具体的地方性事务成为最重要的政治性事务，是政党之间斗争的最重要议题。

商品、资本、技术、信息等越来越全球化与政治越来越地方化之间产生的张力，用传统的国家概念或国际关系角度已不足以解释。当史蒂芬·卡斯尔斯出版《移民的时代》的时候，至少到那时，无疑民族国家还是最重要的范式，在冷战高峰或冷战刚结束的时期，人们还是最多把移民当作个案、特例、少量的现象，无非是给予签证还是不给予签证，是把这少量的非法移民抓起来送回去还是留下来使其（逐渐）合法的问题。记得那会儿在英国，有过一船来自北非的移民，他们出点儿事就变成了很大的新闻，当时大规模跨国移民还不是主要的世界性现象。

但随着经济越来越跨国化或全球化，跨国公司的作用和力量也越来越大。在20世纪80年代中期，当民族国家还是最重要的基本单位时，跨国公司所拥有的资产已经十分惊人，前十大跨国公司的资产已经超过了当时联合国里排在最后的一百个国家的10倍左右。列宁讲的资本输出概念，为什么资本输出变得比商品输出更重要？资本的本质是追求成本低、回报快、利润高，哪里这样它就去哪里投资。列宁那个时代，资本输出具有了比商品输出更重要的意义，只不过后来由于两次世界大战，以及战后1945年确立的世界秩序，人们更多地又回到狭义的国际关系。

再看移民的时代，其实历史上人口流动也曾是社会变迁的主轴和常态。有文字记载以来的历史中，很长期间内并没有民族意义上的国家架构，也没有现代的公民、边境等概念。今天，如果世界一方面经济技术等越来越全球化、跨国化，快速甚至超高速流动，另一方面政治却还是非常地方化，那么有没有可能产生新的冲突和矛盾，产生新的不确定性，并因此需要新的范式转化，比如重新引入世界政治的范式或视角，笔者认为这是需要认真研究的。上述冲突不仅是现象层面的，比如说这一轮欧洲的难民危机这种现象层面。我们也经历过促进经济发展的时期，现在回顾是70年，或者改革是40年了，但改革之初讲过中国农民的三个伟大创造，第一是家庭联产承包责任制，第二是乡镇企业，第三就是农民工流动，这也是现象层面的，然而这类社会变迁还没有在我们原来的分析框架里面，使得它的作用和意义没有被充分认识到，或者要过很多年才能意识到。

在世界政治层面，我们是否真的到了这样一个时候，不仅事实经验现象层面在变，而且后面基本的结构、产生这种结构的机理机制也在变，因此认识它们的范式和理论、方法，也需要变。就是要从原有的世界政治层面的升级版来看待今天跨越国家边界、超越区域，甚至还有超越肤色、文化、族群等，虽然这些东西都在起作用，包括受教育程度，以及看得见的合法或是不合法，是经济的原因，还是政治、社会的原因，以及文化原因带来的人口迁移或流动。人口流动是和商品、资本、技术、服务、信息等，甚至包括知识生产及消费联系在一起的，是与这样一系列跨国流动相适应的，或者本身就是这当中的一部分。这样来看，反而“不确定性”成为常态。因此，处理危机风险就不是危机管控意义上突然出了个事，我们如何把它处理一下就过去了，就回到“常态”了。近期关于香港的事情大家也很关心，它不是偶尔爆发一个事我们马上处理一下又回归“常态”的问题，相反，它也体现着不确定性，包括危机和风险，这成了常态，而在这个常态下再看世界层面的社会变迁，那整个图像就变了。

因此，我们的研究不只是应该多走一步、多看两步，而是要不被原来的分析框架所束缚，这样来看待国际关系和国家本身；如果是从非国家的角度，比如说从全球的视野和角度来看国际关系，也会对国际关系本身产生一个全新的认识。今天我们处理好多外交事务、国际事务也会有不同于狭义的国际关系的认识，不论是主导国家、霸权国家还是小国、发展中国家，乃至于在国家范式下建立起来的国际组织和国际关系，都不是简单地只用国际关系视角就能看清楚、讲清楚的。这样，就可以重新把世界政治的概念和范式引入国际问题的研究中来，至少可以增加一个认识全球性的人口流动及其所带来的不确定性的视角。

欧洲面临的多重危机

宋新宁*

自1952年一体化进程启动以来，欧洲的危机不断，欧洲一体化本身就是在危机中发展过来的，没有危机也就没有它的发展。从这个意义上来说，危机在欧洲一体化进程中是个常态。但2008年国际金融危机以来，欧洲出现的危机显得更加明显，可以说是多重危机交织在一起。我们到底应该怎么看待所谓的多重危机？笔者认为，重点是要分析在这些危机中，哪些是制度性的，哪些是非制度性的，哪些是不可避免的，哪些带有暂时性、是可以解决的。

欧洲目前存在哪些问题？一是最近十年来的债务危机，或者叫欧洲政府的债务问题，至今没有完全解决；二是欧洲经济面临的增长疲软问题，最近十年来除个别年份，欧盟经济的平均增长率不到2%，2019年主要欧盟成员国的经济增长率只有1%左右；三是难民危机和移民问题，两者是连带在一起的；四是欧盟国

* 宋新宁，中国人民大学国际关系学院教授，让·莫内终身教授。

家出现的民粹主义或极端主义问题，欧洲的极右翼和极左翼都有所增长，疑欧趋向有较大的发展；五是英国脱欧；六是欧盟成员国中东西部发展不平衡问题。

在这些问题中，至少有两个问题是带有制度性的，即在欧洲是无法解决的。第一是欧洲的政府债务问题。欧洲国家的政府债务问题是个老问题，是与欧洲国家的资本主义制度联系在一起的，即福利国家，或社会资本主义。欧洲的福利国家制度，造成了欧洲国家的社会福利开支居高不下。西北欧国家的社会福利支出，一般均超过 GDP 的 20%，瑞典和丹麦达 38%，法国占 35%，改革后的希腊仍占 21%，政府年度预算的 50% 以上是福利支出。因此，政府债务超过欧盟规定的上限，是各个国家的常态。与此相应，在经济不景气的时期，政府收入减少，支出增加，出现偿债危机就不奇怪了。同时，在资本主义选举政治的条件下，减少福利和增加税收几乎是不可能的。因此，笔者在 2011 年就指出，欧债危机是被人为夸大了，各种政治势力都在利用所谓的危机，来实现自己的政治目的。实际上，偿债危机本身是一种暂时的现象，只是欧盟个别国家的问题，并不是整个欧洲联盟的危机，也不是欧元区的危机。在笔者看来，债务危机是可以解决的，但是欧洲的债务问题则是无解的，因为欧洲国家政府的债务问题是欧洲的资本主义制度性造成的，可以在一定程度上得到缓解，却无法从根本上解决。第二个制度性问题是移民问题。这也是欧洲国家的老问题，相关的讨论一直没有停止过。欧洲国家的突出问题，一方面是劳动力过剩，各国的失业率居高不下；另一方面是劳动力不足，很多工作没人做，需要移民来补充。造成这种状况的原因是多方面的，从根本上说，这也是欧洲资本主义制度的特性所决定的。一是欧洲的人口老龄化。其中意大利和德国最严重，意大利 65 岁以上老人占总人口的比重为 22.4%，德国达 21.1%。整个欧洲联盟，60 岁以上的老人占总人口的 20% 以上，超过 1 亿人。老龄化造成了各国严重的劳动力不足，必须依靠移民来解决。二是社会福利制度问题。欧洲的社会福利“太好”，造成本国劳动力没有再就业的动力；同时高福利对移民构成巨大的吸引力，使得欧洲成为“移民的天堂”。三是相对宽容的移民政策。在西欧和北欧一些国家，定期实行移民大赦，即给予非法移民合法身份，从而导致非法移民不断进入。难民问题与移民问题相关，理论上是一个可以解决的问题，但是欧洲国家担心的是难民转变为移民（合法与非法），以及恐怖分子以难民的身份进入欧洲。

至于其他的问题，是非制度的问题，即通过政策调整，是可以解决或缓解的，有些是偶然的、暂时的。但是，欧洲的现实状况造成了一些问题在短时间内难以解决。总之，对于欧洲出现的问题，要有一个客观的分析。首先是要区分制度性的和非制度性的；其次，要区分问题和危机，不能笼统地讲危机；再次，要区分欧洲层面和成员国层面，哪些是单个成员国的问题，哪些是欧洲层面的问题；最后，欧洲所出现的问题，是和整个世界相关联的，要把欧洲的问题放在整个世界政治经济的框架内进行分析。

美国与拉美国家关系中的移民问题

江时学[*]

美国对拉丁美洲移民的政策，近几年已成为美国与拉美国家关系中一个难以回避的棘手问题。

在历史上，南北美洲之间的人员往来是司空见惯的。19 世纪，美国的领土扩张导致更多的拉美人进入美国。美国学者豪尔赫·多明戈斯（Jorge Domíngnez）将这一现象称为美国人口的“拉美化”（hispanization）。拉美人向美国移民，显然受到了“拉力”和“推力”的影响。作为世界上最发达的国家之一，美国为拉美人提供了改善生活的美好机遇。这是美国具有的巨大的“拉力”。相比之下，拉美的经济发展水平不高，失业和贫困随处可见，而且还长期受到治安恶化等社会问题的困扰。这是促使拉美人背井离乡的“推力”。

应该指出的是，美国经济和社会的各个领域都需要外来移民，因此，近在咫尺的拉美显然能轻而易举地满足美国的这一需求。例如，美国彼得森国际经济研究所在 2019 年 2 月发表的一个研究报告指出，在过去的几十年，拉美移民对美国经济作出了贡献。这一贡献主要体现在以下 3 个方面：增加劳动力、减缓人口老龄化、提升企业家精神。该报告进而指出，在可预见的将来，拉美移民还将对美国经济作出贡献。水往低处流，人往高处走。拉美国家“离上帝那么远，离美国那么近”，因此，拉美人必然会把美国视作最佳的移民目的地。在最近的几

* 江时学，上海大学特聘教授，拉美研究中心主任。

十年，移民已成为多个拉美国家侨汇收入的主要来源。例如在 2017 年，来自美国的侨汇收入，墨西哥为 300.2 亿美元，危地马拉为 77.3 亿美元，萨尔瓦多为 46.1 亿美元，多米尼加为 45.9 亿美元，洪都拉斯为 37.7 亿美元。这一外汇收入对于资本积累能力较弱的拉美国家而言，无疑是不可多得的。

由此可见，美国与拉美国家之间这样一种各有所求的关系，应该是双方在移民问题上加强合作的动力。换言之，如果美国和拉美国家双方都能恪守人道主义原则，在相互尊重的基础上妥善处理移民问题，那么，移民问题不应该成为美拉关系的“绊脚石”。

唐纳德·特朗普（Donald Trump）入主白宫后，美国对拉美的移民政策发生了重大变化，变化的核心就是为了落实其“美国优先”的口号而控制合法移民的流入和打击非法移民。这一政策对美国与拉美国家的关系造成了不容低估的负面影响。

其实，早在竞选总统期间，特朗普就强烈地批评美国的移民政策。他不仅丑化墨西哥移民，称其为“强奸犯”“罪犯”和“坏蛋”，而且还扬言要对所有外国移民的流入实施严厉的控制，遣返非法移民甚至要在美国与墨西哥的边境线上建一高墙，以阻挡非法移民进入美国，建筑高墙的费用由墨西哥承担。而民主党总统候选人希拉里·克林顿（Hillary Clinton）则表示，美国应该慎重对待非法入境的外来移民，最大限度地使外来移民成为美国的公民，并使其尽快融入美国社会，不能强制性地遣返。希拉里在美国移民政策上的立场体现了民主党对外来移民的一贯立场。因此，在每次总统选举中，大多数拉美裔选民是支持民主党候选人的。当然，两者之间似乎是一种“先有鸡”还是“先有蛋”的关系。换言之，民主党对拉美裔的仁慈是因为拉美裔选民支持民主党，或是因为拉美裔选民支持民主党，所以民主党在移民政策上亲近拉美。

入主白宫后，特朗普在移民问题上真的履行了他的竞选诺言。特朗普总统的政策行为可以被概括为以下四个方面：一是收紧移民政策，控制外来移民进入美国的数量。除签署“旅行禁令”、严格审核签证申请和限制 H-1B 签证外，特朗普政府还废除了奥巴马政府制定的“童年入境暂缓遣返”（DACA）。二是遣返非法移民。据估计，目前在美国生活着 1100 万没有获得居留许可的非法移民，其中大部分来自拉美国家。特朗普认为，这些人中不乏各种各样的犯罪分子，对美国的社会安全构成了严重的威胁。因此，特朗普希望“美国遣送他们的速度要与他们进入美国的速度一样迅速”。三是启动建墙工程。美墨边境线长 1933 英里（约 3100 公里），其中 654 英里（约 1000 公里）已建墙。特朗普希望动用约 330 亿美元的巨资，在最需要的边境线上建一堵“高大而美丽”的墙。第一段高墙的工程始于 2018 年 2 月，地点在邻近加州圣迭戈以东 120 英里（约 193 公里）的加利西哥（Calexico）。四是要求墨西哥控制移民流向美国。自 2017 年年初开始，来自中美洲国家数以万计的男女老少经常性地成群结队，或步行，或搭乘交通工具，向美国挺进。美国媒体称这一移民潮为“移民大篷车”（caravan）。一方面，美国在其边境线上布置大量的警察力量，严防中美洲移民进入美国；另一方面，美国要求墨西哥采取有效措施，将这些人驱离美墨边境。由于不满墨西哥在移民问题上的“不作为”，特朗普在 2019 年 5 月 30 日高调宣布，美国将从 6 月 10 日起，对所有墨西哥输美产品征收 5% 的关税，直到非法移民不再通过墨西哥进入美国。而且，他还扬言，这一关税还会逐步提高，直到非法移民问题得到解决。

毋庸置疑，特朗普政府的移民政策已经在拉美引起了巨大的不满，特朗普总统在拉美的“声望”快速下降，甚至教皇也对特朗普政府的移民政策表达了不满，认为为了推动国与国之间的友好关系，应该建造桥梁，而非建造高墙。

事实上，特朗普政府的移民政策对美国政治同样产生了负面影响。由于特朗普总统与国会中的民主党议员无法就美墨边境线建墙的 50 亿美元拨款达成一致意见，2018 年 12 月 22 日，美国政府被迫停止运转，多个政府部门的数十万工作人员无法正常工作。这一“关门”持续到 2019 年 1 月 25 日（长达 35 天），打破了克林顿政府创造的“关门”21 天（1995 年 12 月 16 日至 1996 年 1 月 6 日）的纪录。

移民与法国极右政党的崛起

彭姝祎*

从 18 世纪末期工业革命到第二次世界大战前，法国曾经历两波以经济为目的的移民浪潮：当时处在工业化和城镇化进程中的法国需要大量的劳动力，但它

---

* 彭姝祎，中国社会科学院欧洲研究所研究员。

自身的劳动力不足，出生率又低，于是周边发展速度比较慢的国家的劳工便纷纷流入法国，构成了法国的前两波移民浪潮。这些移民主要出自南欧的西班牙、意大利、葡萄牙等国，个别来自中东欧地区。这些主要来自欧洲的移民没有对法国造成很大的压力。

现在我们所说的法国移民主要出自第二次世界大战之后的第三波移民浪潮。第二次世界大战后，满目疮痍的法国在马歇尔计划框架下启动了经济重建进程，重建需要大量劳动力，但是法国在两次世界大战中损失了大量青壮年人口，同时出生率依然很低，只能考虑从国外引入劳工（当时政府预计要引进 31 万劳动力）。当时西欧各国普遍进入经济恢复期，西班牙、意大利、葡萄牙等法国传统的劳工输入国的选择余地多了起来，而且南欧自身的发展甚至吸引了大量在法劳工回流，因此法国被迫从其他地方寻找劳工，并把眼光投向了前殖民地——非洲，特别是以法语为官方语言的马格里布地区，最终从那里引进了大量穆斯林劳工。所以从第二次世界大战起，法国移民的主要构成是穆斯林移民，换言之，即穆斯林移民逐渐取代此前的欧洲移民，成为法国移民的主体。

穆斯林移民有一个突出的特点，就是在宗教信仰和文化方面，与信仰天主教的法国相差悬殊。法国移民的第二个特点是家庭团聚类移民比重大：到 20 世纪 70 年代，法国在引进移民劳工的同时出台了一个政策，允许移民家属入境和移民团聚，从此打开了移民家属入境法国的大门。统计数据表明，在 1976—1978 年入境法国的非欧洲籍移民中，家庭团聚类移民的占比高达 95%。家庭团聚类移民的增加大大改变了法国移民的结构：本来法国需要的是青壮年劳动力，结果他们拖家带口地把老婆孩子都带来了，换言之，来了很多非劳动人口。此外，最初移民劳工是客居法国，赚点钱就返回原籍，过一段时间再来工作，像候鸟一样在故乡和法国之间往返。但家属来了之后，客居就变成了定居，其结果是，移民后代的数量逐步超过移民，目前已经占到法国总人口的 11%，使法国成为欧盟内移民后代人口占比最高的国家，而且他们有一显著特点就是高度年轻化，40% 的人口不到 35 岁。

法国移民的上述特点给法国社会带来了一些问题，其中主要是融入困难，甚至融入失败。原因主要有以下四方面：第一是文化和宗教因素。穆斯林移民在宗教信仰和风俗习惯上跟天主教法国有很大差异，导致双方都出现了一定程度的“水土不服”。比如 20 世纪 80 年代，法国社会党执政时放宽了对宗教的限制，允许成立穆斯林团体、修建清真寺，导致穆斯林团体数量如雨后春笋般快速增长，清真寺的数量也呈几何级数增加，使原本默默无闻的穆斯林移民群体的可见性大大增强，并引发了本土民众的恐惧。还有比较著名的穆斯林头巾事件，20世纪80年代末，巴黎郊区一所学校的三名穆斯林女生戴着穆斯林头巾去上学，学校认为她们违反了“政教分离”原则，勒令退学。尽管后来法院做出裁决下令撤销校方的规定，但该事件还是持续发酵，最终法国政府在2004年出台法律，禁止在公立学校穿戴“具有明显宗教标识的服饰”。后来不仅不许学生戴头巾到学校，甚至家长和保姆在接送孩子上下学的路上也不能佩戴具有宗教标识的服饰、饰品。凡此种种，使穆斯林移民问题在文化层面逐渐发酵，加剧了该群体和法国主流社会的互不信任乃至对立。融入困难的第二个因素是经济。第二次世界大战后，出于经济重建目的引入的劳工主要在建筑、纺织、皮革、机械、钢铁、采矿等部门就业，没有多少技术和学历要求。然而从20世纪80年代起，法国在全球化进程中开始调整经济结构，传统行业日渐式微甚至关停，造成了非常严重的结构性失业问题，移民成为结构性失业的主体。他们学历低、技能差，加之得不到及时的再培训，因此也难有机会再就业。统计表明，在经济结构调整时期，移民的失业率大大高于本土法国人。在有些地方，例如东北部的法国传统工业基地，移民失业率甚至高达50%—60%。移民一人失去经济来源，往往导致全家陷入贫困，下一代也难以改善，陷入恶性循环，这是融入失败的一个主要原因。第三和法国政府的安置方式有关。当年法国政府引进移民劳工后，在大城市的周边、郊区建立了一些临时性的工棚予以安置。移民家属到来后，政府在郊区建了廉租房安置，致使移民在郊区自成一体，和主流社会相隔离，在经济、就学、就业等方面的条件都无法和主流社会相提并论。第四是法国对待移民的政策。法国是不大承认多元文化的，对外来移民施行的是“共和同化”，即“法国化”政策。凡是进入法国的移民都要放弃自己的宗教和语言信仰，融入法兰西大熔炉中。这个传统可追溯至法国大革命时期，当时法国正处在现代民族国家的建构过程中，革命政府认为多元文化蕴含着分裂国家的危险，所以拒绝承认文化和语言的多样性。大革命还强调人人平等，反对按照宗教、语言、族裔等标准把人划成少数族裔和多数族裔。基于这两方面因素，自大革命以来，法国在移民问题上始终奉行“同化”政策。该政策在第二次世界大战之前对主要来自欧洲的移民还是奏效的，因为欧洲移民和法国基本上是同样的宗教信仰，语言差别也不大。但是面对宗教信仰差异悬殊的穆斯林移民就不奏效了，很难同化，进而导致了移民的融入困难乃至失败。

移民融入法国社会失败带来了两方面的后果。一是身份认同危机。特别是移民后代，法国的移民后代已经占到总人口的 11%，且高度年轻化，他们生在法国、长在法国，学着法语，读着“我们的祖先是高卢人”的课本长大，但是不少本土法国人不认同他们的法国人身份，说他们只是“身份证上的法国人”，和法国人不同心不同德，对他们对法国的忠诚度表示怀疑。二是移民对主流社会的疏离和对抗。身份认同危机使一部分移民青少年走上了社会的对立面，例如，从 20 世纪 90 年代开始，一些原来并不积极践行宗教活动的移民青少年开始通过拒绝在学校食堂用餐、频繁去清真寺做礼拜等方式来特别强调其宗教属性和认同，以示对主流社会的不满和对抗。个别人甚至受到伊斯兰极端势力的诱惑，变成激进分子，并出现暴力化倾向，引起主流社会的不安和警惕，进而致使移民和主流社会之间的裂痕日益加大。

移民及其引发的种种问题是法国右翼民粹主义政党“国民阵线”崛起和勃兴的主要推动力。在 2019 年的欧洲议会选举期间，法国有关机构做过一个“哪些因素影响投票”的问卷调查，其中排名第一的是购买力，排名第二的就是“移民”问题。国民阵线就是通过拿移民问题大做文章来吸引选民的，它的主要议题有四个：一是经济安全。宣扬移民抢了法国人的饭碗。这其实是个伪命题，实际上移民的失业率远高于本土法国人，特别是移民从事的基本上都是脏乱差、本土法国人不愿意从事的职业，迄今法国在这些行业依然缺人，每年都要为此引进一两万移民。二是文化安全。宣扬法国在文化身份上受到了穆斯林移民的严重威胁，法兰西行将伊斯兰化，成为“法兰西斯坦”，穆斯林将消解和颠覆西方文明。相比较经济安全，文化安全问题更让法国人担心，这实际上是对移民的感知问题，事实并没有那么可怕，但通过国民阵线的不实宣扬，人们觉得这个问题很可怕。三是治安问题。移民聚居区的治安问题确实严峻，不容忽视。四是搭福利便车。法国的福利制度是非常慷慨的，特别是有着慷慨的家庭政策，孩子从出生起直到上大学，会得到国家的各种补贴，且孩子数量越多，补贴越多。然而本土法国人的生育率不高，相比较而言，移民的生育率较高，特别是有些穆斯林移民奉行一夫多妻制，有不止一个老婆和一大群孩子，所以被国民阵线指责为抢法国人的福利。近些年，法国经济形势不好，政府债台高筑，便开始削减福利，把不少原来普惠性，即面向全体居民的家庭津贴改成了“家计调查”型，即只面向一定收入水平之下的居民。国民阵线刻意夸大了这些话题，宣扬钱之所以不够花，是因为被生很多孩子的穆斯林移民领走了，挑起法国人对穆斯林移民的不满。

近些年，国民阵线一直呈上升之势，2017 年总统选举进入第二轮投票取得佳绩后，2018 年更名为国民联盟，并在 2019 年的欧洲议会选举上战胜了执政党。分析表明，国民阵线的选民大致是同时位于两个“边缘”地带的群体，一是地理位置上边缘，即生活在远离经济发达的城市中心地带的郊区或乡下；二是在社会地位上边缘或相对边缘，或相比此前有所下降。这些人基本上是在全球化中利益受损的群体，因此易受到拿“全球化”和“移民”问题说事的国民阵线的吸引。如 2015 年的大区选举结果表明，国民阵线得票率最高的地区，一是法国东北部的老工业基地，这些地方在全球化浪潮中出现了大量的企业外迁或倒闭现象，失业率高企；二是南部地中海沿岸地区，这是移民入境的主要地区，移民在全体居民中的占比较高。不过 2017 年法国总统大选还出现了一个新现象，即原本没有或鲜有移民的地区因为害怕移民进入也转去支持反移民的国民阵线。

从与极左政党的对比中也可以看出移民在国民阵线勃兴中的重要作用：由于左翼在移民问题上普遍持有国际主义、人道主义立场，因此法国的极左政党在移民问题上立场比较尴尬，既不能反对移民，否则便违背了国际主义和人道主义原则，但放任移民入境的后果是移民跟本国的劳工阶层——左翼的群众基础——构成了竞争（至少后者是这么认为的，姑且不论真假），致使左翼失去了支持，所以极左翼政党近两年在法国呈现出消退趋势。反之极右政党则堂而皇之、大张旗鼓地反对移民，因此一路高歌猛进。此外移民问题还导致了法国政治的右倾：为和极右翼国民阵线争夺选民，传统的中右政党出现了严重的极右化倾向，这值得警惕。

历史记忆、难民危机与德国政府的应对与挑战

孟　虹*

2015 年 9 月，德国开始卷入欧洲难民危机问题，当年德国接收的难民人数

* 孟虹，中国人民大学德国研究中心研究员，欧洲研究中心研究员。

就达 42.7 万，2016 年增加了近一倍，达到 94.6 万，2017 年下降至 15 万，2018 年和 2019 年的数字均在 10 万左右徘徊。应该说这场难民危机对德国社会的冲击和影响是全方位的。笔者接下来从四个方面来谈谈对这个问题的看法：一是难民与德国历史记忆，德国历史发展演变对难民问题的认知情况；二是默克尔（Angela Merkel）提出的解决难民问题的方案，强调“我们可以解决”这份自信的由来，及其对德国社会重新建构的影响；三是涉及难民制度方面的改革；四是探讨难民危机对德国社会的影响。

德国虽然不是一个典型的移民国家，但德意志民族实际上也可谓是通过早期欧洲中部的民族大迁移而形成的。也就是说，公元初的古罗马人入侵，尤其是后来的匈奴人入侵，造就了现代德意志民族逐渐在莱茵河和多瑙河一带定居下来。在历史演变进程中，德国曾经是一个比较宽容的国家。当中世纪西班牙、俄罗斯、法国对犹太人实施迫害和驱逐时，德国人对犹太人普遍采取了包容态度。马丁·路德（Martin Luther）进行宗教改革后，曾非常希望犹太人能主动皈依基督教。当发现犹太人并没有如其所愿后，虽然一度对犹太人表示失望和愤怒并表述了非常恶劣的断论和建议，但在临死前几天发表的一篇文稿中，他依然写道，如果犹太人能加入到新教行列，那他们依然可视为兄弟。

在难民问题方面，尤其是在对于“异类”民族人员的处理方面，产生纷争主要是在纳粹德国时期。造成这一现象的原因众多，其中一大原因是受优生论和种族主义观的影响，当然也有历史因素。拿破仑（Napoléon Bonaparte）入侵德国后，曾在莱茵河一带建立莱茵同盟，最后导致以维也纳为中心的德意志第一帝国的解体。维也纳会议后，德国变成了一个松散型的邦联。在 19 世纪 60 年代，俾斯麦用“小德意志方案”实现了国家的统一，建立了第二帝国，但这个统一却将奥地利排除在外。此后，奥地利与匈牙利建立起一个临时性的奥匈帝国。在这个新帝国中，尤其是在昔日的奥地利境内，新增加了不少斯拉夫等不同民族的人员。受极右翼民族主义思潮的影响，原出生于奥地利的希特勒（Adolf Hitler）上台后致力于德国的日耳曼化，努力突显雅利安民族的优势，最后在独裁专制体系下，发生了对犹太人残酷大屠杀的暴行，希特勒对犹太人和共产党人等政治异己分子的迫害，也造成大批人员先后离开德国，逃亡异域，成为难民。

第二次世界大战后原居住在东欧的德国人遭到驱逐，沦落为难民。长期以来，德国政府和社会并没有正视这个问题。但在默克尔执政后，随着历史反思的推进和记忆文化的建构发展，对这些弱势群体的关怀开始提到了议事日程，德国社会开始对“难民”这个概念进行了重新诠释，尝试使用“逃难者”来表述这个特殊群体，并视其为平等的、需要得到特别关怀的群体，强调无论是从政治上还有从人道主义角度来说，均应给予接纳和支持。同时，德国也认识到“逃难者”这个身份的临时性特点，希望更多的逃难者在原来源国内乱、战火停止后能重返家园，恢复正常的普通公民身份。

默克尔提出难民问题“我们可以迎刃而解”，与德国有别于其他国家的一些特殊历史背景有关，也与其个人经历有很大的关系。20 世纪 50 年代，默克尔随父母从联邦德国移居到民主德国，由此成为一种“异类”的移民。她与前两任联邦总理有所不同，她对于难民问题，尤其是战后沦落为难民的德国人，给予了很大的关注。每年 1 月 27 日犹太人大屠杀纪念日，她都会参加相关的活动。出任联邦总理后，在她的积极努力推动下，联邦政府拨款资助建立了一个纪念当时德国人遭驱逐和逃亡的基金会，并建立了相应的文献中心，同时决定自 2015 年起将每年的 6 月 20 日，也就是“世界难民日”，设立为专门纪念或追思在第二次世界大战之后从东欧国家遭驱逐返回德国、受尽磨难的德国人的纪念日。当时，不少德国人在逃亡途中付出了自己的宝贵生命。

1990 年两德实现和平统一，但民主德国民众重新融入大德国社会文化却缺少一个良好的适应过程。原因在于两德的统一是以民主德国加入联邦德国的模式实现的。有人说，联邦德国统一了民主德国，民主德国全盘接收了联邦德国的政治体系和经济与社会模式。对于民主德国人来说，这个转型模式是较为陌生和较难适应的。两德统一后的初期，大批东德地区的年轻人迁移到联邦德国，东部的房子空置了出来。年纪较大一些的人因为原来的工作体系发生了很大变化，包括笔者曾任职的柏林洪堡大学，有不少非常优秀的学者在两德统一后却失去了铁饭碗，仅拿到两三年的工作合同，未到法定退休年龄就必须离开大学。也就是说，年龄大的人开始被社会边缘化，精英层面的年轻人跑到了生活条件更好的西德地区，留下来的弱势群体占比高。统一后的东德地区并没有出现繁华的经济景象，而是问题重重。现在东部德国人的不满，很大程度上可能是弱与强的不平衡及身份转型认同困难所造成的。

难民危机爆发前后，德国境内，主要是在东德地区的欧洲反伊斯兰文化运动更是如火如荼。正是由于面对这种反外来文化、外来人员的极右翼民族主义抬头的发展态势，默克尔倡导“欢迎文化”，强调德国是一个具有包容性的、反对反犹主义、反对排外的社会。进入21世纪以来，德国的人口结构在发生巨大变化。老龄化现象凸显，年轻人养育子女的愿望却越来越弱，所以德国需要精英人才，需要新的外来人员。

在这个背景下，难民危机爆发后，默克尔提出“门户开放”政策就容易理解了。从人道主义角度来说，默克尔这个决定从长远来看也具有积极的意义。现在的问题是，特殊时期安排难民进入德国是可以理解和接受的，比较多的指责是针对“门户开放”政策出台后，政府的后期引导性措施没有及时到位，造成了社会的混乱，这是大家对于默克尔难民决策中颇有非议的方面。当一批又一批的难民涌入德国时，最初受到了德国人的夹道欢迎，这与当年两德统一时的情景有相似之处。但两三个月过后，难民们依然在不断涌入，德国各地到处都是难民收容所，连体育场都变成了临时性收容所，然而政府却没有出台更多的新举措。难民危机的进一步发展，不仅导致了默克尔在国内，而且也受到了欧盟其他盟国的指责和不满。最后，默克尔被迫修订其难民政策，开始逐步紧缩。同时，伴随东德地区极右翼民粹主义势力的抬头，以及2013年新成立的德国选择党于2018年9月跻身联邦议会、大选后出现的“组阁危机”，迫使默克尔宣告不再竞选联盟党主席职务，并将在2021年不再竞选联邦总理。

长期以来，德国政府迫于历史原因，对于前来申请政治避难的人员采取相对宽容的态度，一般在最初不会全然拒绝。审核发现不符合要求，申请人也有两年时间，用德国方面的钱来申请辩护律师等。但按照规定，难民在确定难民身份前必须一直待在难民收容所，不得工作，没有现金供独立使用，也没有可能让申请人在德国周边游玩。难民收留所往往被分散地安排在城市边缘的各地区，难民们并没有太多机会可以融入德国社会中。也就是说，在身份未确定前，有较长时间是一直处在一个相当封闭的环境中。

两德统一后，德国人在度过了前面三个月、半年的兴奋期之后，有的人面对新的挑战开始郁闷不安，开始出现排外现象；有的地区的难民营被焚烧。因此，自1992年起，在德国的难民开始实行自救。他们创建协会，在选举过程中到各联邦州去游说，介绍自己的境况，甚至在难民营出现了集体绝食现象。2005年后，还出现了不喝饮料的行动，实际上让自己处于半绝食状态。通过媒体的报道，各州政府一旦遇到这种情况，就会做出一些妥协。在2015年难民危机爆发之前，德国的难民政策逐渐得到改善，变得相对宽容。所以，当大批难民进入德国之后，前期的宽容政策依然一直延续，但这给德国人带来了比较大的负担。

为此，默克尔政府的难民政策在后期进行了两次比较大的改进：一是如果资格审核没有通过，难民就得直接遣返回国，虽然可以申请律师辩护，但等待时间缩短；二是提供的优惠措施被缩减，其中包括年轻难民到德国后，两年内不得接家庭成员来团聚。有报道称，有一位来自叙利亚的难民因为有两个夫人和多个孩子，德国政府为他提供了一栋别墅居住，导致德国人，尤其是东德人非常恼火。

这次难民危机派生的一系列问题，对于德国而言还是非常严峻的。一是在政治上，联盟党内部冲突不断，社会民主党弱化，东德地区的极右翼民粹主义势力抬头，德国选择党成为联邦议会第三大党，大选后长达半年未能组建政府。当然，多年来的德国历史教育和政治教育，还在潜移默化地发挥作用。譬如，在2019 年 9 月的两个东德地区联邦州的选举中，选择党并没有能成为最主要的政党。另外，在联邦议会，按照其制定的规则，各议会党团均要推荐一名议员出任副议长，但选择党的候选人一直遭到其他政党议员的阻止，迄今先后四轮均未获得通过。也就是说，大多数政治精英对极右翼民粹主义政党还是持排斥态度的。

二是在社会和文化领域，再度引发了伊斯兰文化是否会主导德国文化，或该平等对待抑或更应该让其融入德国文化的思考。“主导文化”和“多元文化”之争，再次成为社会辩论的主题。针对这一问题，德国总统弗兰克－瓦尔特·施泰因迈尔（Frank-Walter Steinmeier）倡议在德国社会发起一个名为“德国诉说”的活动，旨在推动“争议文化”在德国社会的发展，通过邀请不同观点的人进行面对面的对话，以期促进德国社会包容性的提升。

三是难民危机更加凸显了东德地区的问题。多年来，东德地区的发展长期被忽视。时任联邦总理格哈德·施罗德（Gerhard Fritz Kurt Schroder）于 2003 年提出的《2010 年改革纲要》更是进一步削弱了弱势群体的利益。两德分裂时期，东德地区的民众并没有经历对纳粹德国罪行的深刻历史反思运动，这在一定程度上也影响到部分人员对于外国人的态度。当他们自身陷入困境后，其排外情绪就增大。另外比较重要的一点是默克尔是东德人，原来的联邦总统约阿希姆·高克（Joachim Gauck）是东德人，原联邦参议院议长和勃兰登堡州长马蒂亚斯·普拉策克（Matthias Platzek）也是东德人，但他们上台后并没有为东德人民利益的改善提出更多有利的建议。所以，不少东德人开始反对默克尔，认为默克尔上台之后更多的是在欧洲层面、国际层面发挥自己的影响力，而非关注自己百姓的生存状况。德国是一个社会福利国家，弱势群体本该得到国家的保护。

四是难民危机也影响到德国的外交政策。从施罗德时期开始，德国转向拓展性的外交和安全政策。据此，若一个地区发生危机，德国就应该及时介入，其中包括利比亚和叙利亚危机。现任德国内政部长霍斯特·洛伦茨·泽霍费尔（Horst Lorenz Seehofer）努力促进五个相关欧盟国家会谈，探寻难民问题的共同解决方案。原德国国防部长冯德莱恩（Ursula Gertrud von der Leyen）2019 年 7 月成功竞选欧盟委员会主席，她也表示上任后会积极促进欧洲难民问题的解决。也许，通过共同协商与探寻难民问题解决模式，有可能会从另一个角度来促进欧洲一体化的深化、欧盟协作力和凝聚力以及德国国际影响力的提升。

随着这次进入德国的部分难民逐渐融入当地社会、在经济上逐渐成为德国社会低中层的有力支撑的报道的增多，以及默克尔通过寻求与非洲国家及土耳其等国来联合预防与治理难民问题的举措取得成效，这次难民危机应该说在很大程度上已得到了控制。关于德国未来的政治版图变化，笔者认为鉴于历史教训，极右翼民族主义和民粹主义势力在德国是不会持续有市场的，目前德国选择党支持率虽然较高，但这也是因为一部分人表达对默克尔政府不满的结果。长远来看，随着两大人民党内部的调整改革，执政大权依然会由人民党来主导，政府总体上依然会以中间路线为主，也将依然坚持实行以人道主义为主导的难民政策，通过加强内外合作、内部机制和措施的改革，更大力度地推动尤其是受教育程度较高的难民的快速积极融入，德国甚至可以对全球难民问题的治理提供一个独特的模式。

福利国家的边界与意大利右翼民粹主义的强势兴起

李凯旋*

2013 年以来，意大利的民粹主义政党一直保持强劲势头，五星运动党在

* 李凯旋，中国社会科学院马克思主义研究院副研究员。

2018 年议会选举中赢得了最高的支持率，右翼民粹主义联盟党成为右翼政治联盟内的第一大党。在 2019 年 5 月欧洲议会选举后，联盟党已经跃居意大利第一大党，五星运动党则退居第三。联盟党快速兴起的原因是复杂的，非常值得探究。笔者从福利国家的边界视角来进行简要分析。

为什么选择这个视角？笔者在对意大利共产主义政党组织演变和边缘化的观察和分析中，对意大利福利国家演变产生了研究兴趣。对于福利国家的研究，对追踪和观察意大利的政治格局演变、传统左翼式微、民粹主义兴起等问题而言，意味着获得了更广阔的视野和更丰富且有力的论据。换言之，意大利目前的情况，无论是左翼式微还是民粹主义的兴起，都与福利制度发展失衡以及相应的改革不足有很大关系。

如果用一个词来描述意大利福利制度的特点，那么笔者会使用最近两年研究中提炼出的“双重失衡”这个概念。所谓“双重失衡”，是指意大利的福利支出在老年群体和非老年群体，以及南方地区和北方地区之间存在严重失衡。地区失衡，是分析右翼民粹主义兴起的内部边界，而外部边界就是所谓的公民身份，合法居留权——这意味着享受社会保障的权利。维护意大利福利国家的内部边界是意大利右翼民粹主义力量在北部壮大的动因，而维护难民危机背景下的外部边界，则成为其在 2018—2019 年国家和超国家层面两大选举中异军突起的动因。

一　联盟党的强势兴起

联盟党实际上是一系列自治运动的结合体，出现于 20 世纪 80 年代的意大利北方，当时以“北方联盟”为人所知。由于意大利天主教民主党、意大利共产党、意大利社会党等传统中右翼、左翼依然占据主导，北方联盟在成立早期影响很小，进入 20 世纪 90 年代后才发展起来。联盟党的兴起历程，在一定意义上就是意大利民粹主义风潮的发展历程。

1992 年北方联盟第一次进入议会，参众两院支持率分别是 8.6% 和 8.2%，到 1996 年分别增至 10.8% 和 10.4%。进入 21 世纪后，2001—2013 年，支持率有所下降，降至 3.9%—8.3%。在 2013 年议会选举中，北方联盟依然表现平平。然而随着难民危机的发展，北方联盟强势兴起。2017 年年底，北方联盟更名为联盟党，正式向全国性政党转型。2018 年议会选举中，联盟党在五星运动党和民主党之后，是第三大党（17.4%），但在2019年欧洲议会选举中成为第一大党（34.3%），其在南部也获得15%—25%不等的支持率，这显示其选民已经不再仅仅集中于传统的北部选区。

在近两年的地方选举中（20个大区）：联盟党在威尼托、皮埃蒙特、伦巴第、阿布鲁佐等6个大区为第一大党；在托斯卡纳、艾米利亚-罗马涅、巴西利卡塔、撒丁岛等5个大区为第二大党；在利古里亚、翁布里亚、马尔凯等4个大区和南蒂罗尔自治省为第三大党。由此可见，联盟党确实风头强劲，不容小觑。

二 福利国家的边界如何影响联盟党的兴起？

（一）内部的边界：地区的民族主义

作为民族国家的意大利，虽然实现国家统一已近150年，但南北方之间的政治文化差异依然不容小觑，经济发展差距仍在扩大。这些都严重侵蚀了意大利构建福利国家所需的社会团结和社会利益认同基础。

意大利的公共养老以正规就业为基础，仿照德国社会保险模式建立。但老年养老救助，即老年最低收入保障和老年收入补贴，均源自税收。医疗卫生，是基于普救主义原则建立起的国民医疗体系，其支出也主要源自于税收。社会服务在意大利基本上一直主要由市级行政单位负责，这意味南北方不同市镇之间人均社会服务支出差距是非常大的，为此中央政府每年都实施一定规模的财政转移支付。在联盟党看来，中央政府为讨好南部选民不断扩大的福利支出，加剧了北部地区的税负，削弱了北方中小企业的竞争力。因此，北方联盟党一直谋求北方地区实现最大程度的自治，尤其是财政权的独立。北方联盟首任党首甚至创造了“帕达尼亚民族”这个名词，以凝聚北方自治主义运动的共识。因此，意大利学者将北方联盟的地区主义视为地区民族主义。

北方自治主义运动在20世纪80年代的出现和兴起，与当时的经济社会危机密切相关。20世纪70年代末80年代初，在第二次世界大战后的“黄金时代”涌入联邦德国和瑞士等地谋生的意大利南方农民大规模回流（1973年仅联邦德国就有500万意大利移民），这给意大利劳动力市场带来了巨大压力。政府始料未及，仓促动用了原本用以抵御经济周期波动冲击的停业收入补贴，采用了提前退休的办法应对大规模失业问题。政府还新设立了替代率高达80%的流动津贴，受益人若未能就业可一直享受到退休。这些支出大部分都涉及一定规模的财政转移支付。1989 年，持有谋求自治、反对南方移民主张的伦巴第联盟，在欧洲议会选举中赢得 8% 的选票，以 19% 的支持率成为伦巴第大区的第二大党。自此，伦巴第联盟吸收了其他大区的自治主义联盟，成立了北方联盟。

（二）外部边界：国家的民族主义

到 20 世纪 80、90 年代，意大利才由移民输出国转变为移民输入国之一。90 年代，意大利开始对移民管理进行了尝试性立法，对非法移民进行了界定并出台了相应的惩罚措施。其中，最严厉的管控移民法案，即所谓《博西—菲尼法》，是由北方联盟在 2002 年联合另一支极右翼政党——民族联盟——推动议会通过的。该法案提出对合法移民实施“配额制”，其目的是防止大规模移民涌入导致本国劳动力市场受到冲击，本国公民失业率上升。同时明确凡参与或帮助非法移民入境者，判处 5—15 年监禁，罚金 15000 欧元。2013 年后，联盟党成功地向全国性政党进行转型，并利用非法移民议题，在 2018 年和 2019 年的选举中博取了意大利南部选民 15%—25% 不等的支持率。

根据意大利政府的经济与财政文件披露的数据，2012 年意大利投入到非法移民管理事务中的经费约为 9.9 亿欧元。2017 年，意大利投入到难民收容、教育、医疗等事务中的总支出达 44 亿欧元，占 2017 年意大利 GDP 总额的 0.26%、总社会支出的 0.5% 左右。其中，7.81 亿欧元用于地中海难民的搜救，5.9 亿欧元用于未成年难民教育和医疗救助，剩余的约 30 亿欧元用于收容，而难民身份甄别费用尚未计入。在 44 亿欧元支出中，欧盟提供了 770 万欧元的帮助，而这也成为联盟党疑欧、指责欧盟对意大利的非法移民问题熟视无睹的根据之一。

19 世纪中期以来，工人和市民权利的扩展本身就是以世界上多数人口不拥有这些权利和利益为前提的。因此，福利是国家主义的，是民族主义的，是有边界的。“在边界之内的‘国家公民’享受着国家提供的就业条件、政治权利和社会服务，边界之外的人们就没有这种‘资格’。”而如果允许边界之外的世界也进来分一杯羹，其代价就会变得太高昂了。

尤其在意大利刚刚开始构筑公民基本收入的安全网，便备受欧盟以及国际货币基金组织指摘时，联盟党强硬的反移民、疑欧、反全球化立场不仅在北方颇具市场，在南方也赢得了颇多支持。因此，联盟党短短一年间就在欧洲议会选举中迅速超越五星运动党和民主党跃居第一大党，也就不足为奇了。

三 结语

由于个人的研究旨趣和学术关怀，笔者更关心当下意大利左翼的未来。然而，如沃勒斯坦所言，“普选，福利国家和双重民族主义（即国家的民族主义和种族主义）成功地将西方社会的‘危险阶级’变成了负责任的‘反对派’”。在经济危机、移民大规模涌入的背景下，左翼的阶级认同正在遭遇民族身份认同的强烈冲击。身份认同，某种意义上与福利边界是一致的。左翼推动了福利国家的建构，然而维护福利国家的边界，似乎是右翼民粹主义政党的天然职责。福利国家，未来依然会是左翼和右翼民粹主义进行政治动员、争夺选民的核心议题。而其效果，基于过往和当前的经验，将很大程度上取决于国内外的经济社会环境。

从人口迁移看美国的政治地理

谢 韬*

任何一个国家的历史，可以说都是一部国内人口迁移的历史。引发国内人口迁移的因素很多，包括经济发展、技术革新、城镇化、天灾人祸、地理气候变化，等等。人口迁移不仅仅是人口在地理空间上的移动，它也会带来政治空间上的变化，即国内政治力量的重组和消长。这就是政治地理学，它研究的不仅是地理环境（如自然资源和气候）和地理变化（如人口迁移）对政治的影响，还包括政治行为（如恐怖主义）的地理分布。

一 从大西洋到太平洋

具体到美国，其人口的地理变化经历了三个明显的阶段。第一阶段从 17 世

* 谢韬，北京外国语大学国际关系学院院长、教授。

纪初第一批殖民者定居大西洋沿岸到 19 世纪末美国领土延伸到太平洋海岸，这 200 多年的美国历史就是人口往西部迁移以及随之而来的领土往西部扩张的历史。这段历史也因此被称为“西进运动”，它催生了美国历史学家弗雷得里克·特纳（Frederick Turner）著名的边疆学说。他认为：“直到今天，美国历史在很大程度上是对大西部殖民的历史。一片自由土地的存在，它的持续萎缩，以及定居点的不断西进，解释了美国的发展进程。”

西进运动对美国社会的方方面面产生了深远影响。没有西进运动，美国的国土也就不会横跨整个北美大陆；没有西进运动，中西部广袤的农业区或许不会成为美国的州，而没有这些农业州对北方的支持，美国内战的结局或许会被改写（或者北方的胜利需要更大的代价）；没有西进运动，大湖区也不会成为美国的制造业基地，而没有制造业所雇佣的大量工人，大湖区也不会在罗斯福新政后的半个世纪里一直是民主党的重要票仓。此外，西进运动还加强了美国政治文化中的个人主义和政治平等、引发了美国历史上第一次民粹主义运动、导致了重农主义和孤立主义的兴起，等等。

二　非洲裔大迁移

从西进运动结束到 20 世纪 70 年代，这是美国历史上的第二次人口大迁移，其特点是非洲裔从南方大规模迁移到其他地区，尤其是中西部和东北部的工业中心。非洲裔的大迁移又可以分为 1910—1940 年和 1940—1970 年两个阶段。由于 20 世纪初美国收紧了移民政策，中西部和东北部的工业基地严重缺乏劳动力，因此非洲裔第一阶段大迁移的主要目的地是北方的工业中心，如芝加哥、底特律、纽约和费城。第二次大迁移的主要目的地除了上述传统工业中心，还包括太平洋沿岸的旧金山和洛杉矶。与第一次大迁移相比，推动第二次大迁移的重要因素包括第二次世界大战爆发后北方工业城市的劳动力需求激增、民权运动（包括历史性的《1964 年民权法案》的签署），但并没有从根本上改善南方非洲裔的经济和社会地位。

两次大迁移的直接后果是，南方非洲裔人口急剧减少，而北方城市的非洲裔人口急剧增加。有数据显示，1910 年有 89% 的非洲裔居住在南方，然而到了 1970 年这个比例已经下降到了 53%。1940 年非洲裔只占新泽西州的纽瓦克市总人口的 10.6%，然而 30 年之后这个比例已经激增到 54.2%。同样，1930 年住在加州主要城市的非洲裔只有 5 万多一点，到了 1950 年已经增加到 25 万。大量非洲裔离开南方导致居住在中西部和东北部大城市的达到投票年龄的非洲裔人口激增。根据一项估算，1940 年芝加哥和纽约达到投票年龄的非洲裔人口分别约为 20 万和 30 万，而 30 年之后分别是近 60 万和超过 90 万。由于绝大多数非洲裔支持民主党，再加上他们聚居在大城市，因此这些城市长期以来一直是民主党的堡垒。

三 空调与人口南迁

第三次人口大迁移从 20 世纪 50 年代开始。与第二次大迁移不同，这一次的主体是白人，并且迁移的方向正好相反，从北方寒冷地区到南方阳光地带。与前两次迁移相比，引发第三次迁移的重要因素是空调的发明。因此，这一次大迁移也可被称为空调政治学，是技术影响人口迁移和政治发展的一个典型例子。

美国中西部和东北部属于典型的温带大陆性气候，冬天漫长寒冷；而南方一些州（尤其是邻近墨西哥湾的州）则属于亚热带气候，夏天漫长酷热。因此很多北方人愿意到南方过冬，但不愿意在南方常住。然而空调的发明改变了这一季节性人口迁移模式，因为人造凉风把酷暑挡在了窗外，使得南方变得四季宜居，于是越来越多的北方居民开始永久性迁移到阳光充足的南方。

家用窗式空调于 1951 年进入美国市场，到 1955 年，平均每 22 个家庭就有 1 个安装了空调，而在南方每 10 个家庭就有 1 个安装了空调。还有数据显示，1960 年整个南方的空调普及率为 12.4%，到了 1980 年已经达到 55%。佛罗里达是南方各州中常年温度最高的，它在 1960 年的空调普及率已经达到 18.3%，20 年之后激增到 84%，位居南方各州之首。

空调所带来的人口迁移以及相应的政治效应在佛罗里达体现得最为明显。冬天有阳光和沙滩，夏天有凉爽的室内，佛罗里达因此成为北方人口南迁最受欢迎的目的地之一。有研究显示，早在 1950 年佛罗里达 27.1% 的居民出生在南方之外的其他州，这个比例远远高于南方其他 10 个州，而到了 1990 年，这个比例已经攀升至 50.1%，也就是两个人当中就有一个出生在南方之外。

然而，不是所有人都想迁移到佛罗里达。佛罗里达州政府的统计数据显示，按照年龄段分类，该州人口增长最快的是 65 岁以上的老人，从 1960 年的 55 万猛增到 2010 年的 320 多万。对绝大多数人来说，65 岁意味着退休，因此在迁移上有更大的自由，而阳光、沙滩、空调则让佛罗里达成为老人（尤其是原来住在北方寒冷地区的老人）南迁的首选目的地。

老年人在意识形态上一般来说更加保守，因此这么多的老年人迁移到佛罗里达的直接后果就是该州选民在意识形态上更加保守，在选举中更支持共和党。老年人还有一个特点，他们的投票率高于年轻人。最后一点，按照美国的选举制度，一个州的人口越多，它的众议员就越多；而众议员越多，则意味着该州在选举人团的人数越多（选举人团总人数等于每个州在联邦国会的众议员和参议员的人数总和，而每个州的参议员人数是固定的两名）。现在佛罗里达的选举人票是 29 张，与纽约州并列，仅次加州的 55 票和得克萨斯的 38 票。在上述因素的共同作用下，佛罗里达就成了共和党特别重视的关键州。特朗普能够在 2016 年大选获胜，最关键的因素之一就是他赢得了佛罗里达的 29 张选举人票。

四　结束语

空调在南方迅速普及并吸引大量北方老人南迁的同时，另一场人口迁移也开始了。从 20 世纪 70 年代开始，由于石油危机、产业结构升级以及欧洲和亚洲的制造业兴起，曾经是美国工业化中心的中西部开始走向衰落，变成了所谓的“铁锈地带”。与此同时，南部和西部地区在航天、信息技术以及石油化工等产业的带动下成为美国经济新的增长点。在此背景下，中西部铁锈地带（由于冬季寒冷也被称为“风雪地带”）的人口开始逐渐往南部和西部地区（也被称为阳光地带）迁移。产业工人曾经是民主党最稳固的票仓之一，而他们的人口迅速减少则意味着民主党在这些工业城市以及它们所在州的选举力量显著减弱，其结果是密歇根、宾夕法尼亚、俄亥俄、威斯康星等州成了摇摆州。

与此同时，受党内极端自由派的影响，民主党逐渐淡化其传统支持者所关注的经济和社会福利问题，转而强调同性恋权利、性别平等、种族平等、政治正确等身份政治议题。民主党在身份政治上的“左倾冒进”不仅疏远了其传统支持者，而且给了共和党可乘之机：后者以传统价值观守卫者自居，吸引了大量中下层白人的支持。这也是特朗普能够在 2016 年击败希拉里的最重要因素。

总之，人口的地理移动给美国政治带来了深远影响。然而由于种种原因，这个领域却没有受到国内学界的足够重视。除了美国外交和中美关系，希望有更多学者投身到美国的政治地理学研究，真正理解美国政治发展的过去、现在和未来。

亚裔美国人的婚姻融合研究

王玉君*

跨种族通婚可以看成是社会距离和社会融合的一种体现，也可以被作为衡量社会距离和社会融合的关键指标，当然很多时候也可以看成是原因，很多美国学者在做相关的研究。马克斯·韦伯（Max Weber）曾说过，种族之间的吸引和排斥，很多时候是可以通过测量群体间是否存在性关系，以及这种关系是长期的还是暂时的、不稳定的来加以判断。在所有具备种族意识的群体中，是否存在这种跨种族的婚姻或者通婚，是种族间吸引或者隔离的结果。很多学者都是基于韦伯的创见去理解社会中的种族关系，也就是说希望能够通过研究族群之间稳定的婚姻关系来研究族群之间的社会距离，我和你是不是平等，个人之间是不是平等，很多时候可以通过我愿不愿意把你当作我的朋友、有没有稳定的婚姻关系来观察。

有数据表明，自 1967 年美国最高法院废除了反族裔通婚法律之后，美国跨族裔通婚率在增加。1980 年全美异族通婚率是 1. 81%，2002 年是 2. 89%，2015 年跨种族婚姻，比如说笔者所考察的亚裔跨种族通婚率是 29%。以前很多研究是基于全国性的婚姻市场，但是现在人口结构已经发生了变化，不仅是族裔的人口分布在发生变化，而且人口代际因素也在发生变化，越来越多出现了二代移民，或者本地出生的亚裔人。通婚的模式随地理区域不同和种族组合的不同而大有差别。有时候异族通婚中的族裔地理分布会被误解为社会距离，所以在有些学者的呼吁之下，研究异族通婚既要考虑人口的地理分布因素，也要控制族裔的代

* 王玉君，中国人民大学社会与人口学院副教授。

际因素。

笔者首先对异族通婚文献进行简单的回顾。有三个理论解释异族通婚，第一个是我们熟知的融合理论，异族通婚实际上是种族融合的要旨，美国社会学家米尔顿·M. 戈登（Milton M. Gordon）提出了七阶段模型，认为融合首先是从文化行为方式开始的，慢慢地会发生大规模结构融合、婚姻融合，进而会出现身份融合、偏见消失、歧视行为消失。跨种族婚姻中的个体往往具有更多与主流社会相近的社会、经济和政治特征。但戈登的理论将融合视作一个单向且一致的过程，即所有移民最终都将接受白人盎格鲁－撒克逊新教徒中产阶级的核心文化，其表现出来的民族优越感和必然性使其受到很多批评。理查德·阿尔巴（Richard Alba）和维克多·倪（Victor Nee）将该理论扩展以解释更多元的移民群体，认为融合是渐进的过程，在不同种族和民族内部存在差别。而种族或民族的社会边界是社会建构的结果，是可以随着代际更迭发生社会边界的“模糊”“移位”或“跨越”的，因此他们认为现代社会中拥有多元背景的移民融合会“重建”美国的主流社会。

第二个理论是结构理论视角。彼得·M. 布劳（Peter M. Blau）、奥迪斯·D. 邓肯（Otis D. Duncan）就提出，即使你可能没有这样的结婚偏好，没有将外族人看作与你同等的人，但是因为机会的原则，你可能也会和外族人通婚。这一理论关注人口结构构成如何影响婚姻选择，也就是潜在结婚对象的可得性是如何限制或增加个体接触机会进而影响最终婚姻选择的。结构变量主要关注人口的规模和构成，以及种族或失衡的性别比等对婚姻机会的形塑。布劳认为，通婚不仅受到群体特定属性（如群体规模和性别比）的影响，也受到群体间社会与空间距离（如社会经济不平等）的影响。结构理论关心群际（intergroup）关系的机会问题，受少数群体的相对规模、族内潜在伴侣的可得性、族内多样性以及不同群体间社会和空间距离的制约。

第三个理论是交换理论，这是由美国社会学家罗伯特·K. 莫顿（Robert K. Merton）、乔治·C. 霍曼斯（George C. Homans）分别提出来的理论模式，认为对非裔美国男性相比于女性更有可能与白人结婚的解释是，高学历非裔男性倾向于用后天自致的较高的社会经济地位来换取白人女性先赋的社会地位，并将该模式称为“白人女性的下嫁”。有很多数据及早期的研究证实了莫顿等人的交换理论，比如对白人和黑人婚姻的研究，或者拉美裔和美国白人婚姻的研究。但也有学者对该理论解释其他族裔通婚实践的有效性进行质疑，比如有学者发现该交换模式无法解释亚裔美国人的婚姻选择。

后来有学者试图对三个理论视角进行整合，认为机会（即婚姻市场条件）和偏好（即群体间的社会壁垒和社会距离）模型可以解释异族通婚。基于这个思想，如果我们可以利用当地的婚姻市场去考察当地的机会和偏好，会不会有助于把传统通婚研究中的三个视角整合起来？我们可以考察结构性的制约因素，如当地婚姻市场中群体的相对规模、性别比、社会空间距离、教育因素、族裔通婚比例等，而偏好是多维并且可交换的。我们可以综合以上的理论视角，并运用多层模型控制当地婚姻市场条件，从而在分析通婚模式时能够将宏观因素与微观因素整合起来。笔者选择了美国 2008 年社区调查数据（American Community Survey，ACS）1% 的样本，有 280 万条个人记录。这是截面数据，可能会出现结婚时的社会经济地位和调查时点的社会经济地位不一样的情形，同时很多研究发现，族裔通婚的离婚率是比较高的，再婚会有选择性偏差，所以我们借鉴了以往的研究，将数据限制在婚龄小于 5 年的初婚，且年龄介于 15 岁和 55 岁之间。最终的样本中出现的亚裔男性是 3099 个，亚裔女性也是接近这个数字。

我们使用教育程度作为衡量个人社会经济地位的指标，因为收入在婚前、婚后有很大的变化，但教育程度的变化非常少。因变量是“异族通婚”，为二分变量，编码为 1 时指亚裔美国人与非亚裔美国人之间的婚姻，0 则指亚裔美国人内部的婚姻。我们选择了多层逻辑斯蒂回归模型测量亚裔美国人与非亚裔美国人通婚的概率，并对亚裔男性和亚裔女性分别进行模型估计。

自变量包括个体层次的变量和都市圈层级的宏观结构变量。本研究样本仅限于在美国本土出生或初婚前来到美国的亚裔美国人，不包括在国外结婚后移居美国的移民。异族通婚率通常随着在美国居住时间的增加而提升。在这里，我们使用“本土出生”来体现社会融合的观点，并创建了三个虚拟变量：美国本土出生（第二代移民及以上）、14 岁前移民到美国（完全或部分融入美国社会，1.5 代移民）和 14 岁之后且初婚前移居到美国（第一代移民，在原籍国家接受社会化）。出生在美国和在美国长大的亚裔预计更有可能选择异族通婚。

我们使用“英文能力”这个和教育程度有很大相关性的变量，来测量受访者在家中讲英语的能力，并创建“不讲英文/英文说得不好”“英文讲得好”和“只说英文”三个虚拟变量。我们选择“受教育程度”这个变量是基于机遇和偏好的考虑，比如大学提供了不同群体之间互动的场所，同时教育程度相同的人因价值观、态度、生活方式相似也更容易产生同类婚。已有研究发现异族通婚往往在高学历人群中更为常见。

都市圈层级的宏观变量，将综合大都会城市统计区和城市人口的大都会城市统计区界定当地婚姻市场。我们使用了亚裔群体的相对人口规模、种族异质性指数以及亚裔群体中的性别比等指标。测量群体规模的指标为2008年都市圈层级亚裔人口占总人口（15—55岁）的比例，可以测量不同族裔群体间互动的机会。相对规模较小的群体内，个体间接触机会很少，因而与群体之外的人群接触概率较高。因此，群体相对规模对亚裔—非亚裔间婚姻可能存在负面影响，也就是说，在保持其他条件相同的情况下，规模较大的亚裔群体中选择非亚裔伴侣的可能性比较低。

此外还有性别比的测量。本研究将都市圈层级亚裔女性与亚裔男性（两组群体年龄均在15岁至55岁）人数之比的自然对数作为性别比，范围是（$-\infty$，∞）。若为0，表示性别比均衡；若大于0，表示亚裔男性数量少于女性；若小于0，表示亚裔男性比女性数量多，因而亚裔男性更有可能选择异族结婚对象。以上对性别比的计算对亚裔男性和女性有着不同效应。对亚裔男性而言，性别比与异族通婚呈正相关；对亚裔女性来说，性别比例与异族通婚呈负相关。

第三个因素是种族异质性的指数，就是多元化的指数。从结构理论来说，在族裔群体多元且各群体人口分布比较均衡的城市，不同族裔个体间接触的机会比较高，所以族际通婚率会更高。我们沿用了前人的计算方式，计算了异质性指数（五个群体，未经标准化处理的种族异质性指数的理论范围是0到0.8）。当异质性指数为0，意味着从同一城市中任意抽取二人，他们会来自同一族群（无种族多样性）；指数为0.8时，意味着任意抽取二人，他们会来自不同种族，即种族多元性较强。

宏观理论结果也认为，在种族异质性比较高的市场中，亚裔和非亚裔通婚率比较高。数据显示亚裔初婚配偶族裔的情形中，亚裔男性17%左右是族外婚，亚裔女性有接近33%是族外婚。在最终的数据处理，由于都市圈里要考虑通婚市场，我们就排除了很多亚裔人数少的城市。结论的确显示，移民信息在发生变化，二代移民更容易族外婚。英语水平越高，确实有可能出现更多的族外婚，但是教育程度失去了效应，这个很奇怪，因为很多人都发现了教育程度的影响，我们就把英语变量去除之后重新进行了分析，发现教育程度又显著了，教育程度和英语水平有很大的相关性。

一个比较奇怪的结论是，对亚裔男性模型来说，性别比应该是正向影响，如果在自己族内找不到匹配的女性结婚的话，应该更多转向族外。但是为什么在这样一个婚姻市场中，我们的理论推测失效了呢？后来我们进一步做了分析，发现原来很多亚裔男性更多会选择回原国、回原籍地，找自己婚配的女士带到美国去。我们确实也发现了大概有 28% 的人，他们的妻子在结婚当年，或者结婚之后才到美国，这是不一样的。我们去考察了一下亚裔女性的因素，还是负的，这确实对她们是有影响的。如果是女性，出现了找不到相匹配的男性，因为女性多、男性少，她们是从美国当地婚姻市场找匹配的对象，更多的是族外婚，但是对男性来说有其他的策略，比如从国内搬运。

如果我们用数据分析，可以看到通婚的比例在提升，同一个现象可能有不同的机制。一个是人口本身的机制，因为人口本身可能会发生变化，人口结构发生的变化造成通婚率的变化。另一个可能是人口通婚偏好的变化，即社会融合的影响。我们需要去分析具体产生作用的机制。

跨国“圣战”分子与中东政治变迁

田文林*

中东地区的情况比较特殊。世界对中东地区的关注，首先不是它的经济发展，而是安全形势。在中东最突出的跨国人口流动不是难民问题或移民问题，而是跨国“圣战”分子问题。前几年“伊斯兰国”最活跃的时期，来自全球各地的“圣战”分子纷至沓来。仅仅在叙利亚，就有来自世界 80 多个国家的 3 万多名极端分子。这些极端分子来自突尼斯、阿尔及利亚、埃及、沙特阿拉伯等中东伊斯兰国家，还有相当一部分来自美欧发达国家。在此之前，1979 年阿富汗战争爆发后，同样是全球各地的“圣战”分子赶赴阿富汗，参加反抗苏联的“圣

* 田文林，中国现代国际关系研究院研究员。

战”。穆斯林跨国“圣战”，已经成为中东政治中非常独特的一道风景。

一　产生原因

中东地区的跨国“圣战”问题为何如此显著？

首先是宗教—历史原因。公元7世纪，在伊斯兰教先知穆罕默德创立伊斯兰教之前，阿拉伯半岛四分五裂，部族仇杀不断。穆罕默德创立伊斯兰教以后，建立了基于共同信仰的“乌玛”（穆斯林共同体），该组织的口号就是“穆斯林皆兄弟”，其超越了部族、血缘等传统的狭隘界限，因此焕发出巨大生命力。正是凭借这种独特的政教合一模式，穆罕默德和随后的“四大哈里发”在短期内统一了阿拉伯半岛，并最终建立起地跨欧亚非三大洲的阿拉伯帝国。这一辉煌历史令阿拉伯世界的穆斯林群众记忆犹新，缅怀不已。在他们看来，强化信仰、团结穆斯林民众是应对一切挑战的先决条件。因此，在历史上，阿拉伯世界每逢遇到重大外部挑战，总会不由自主地出现伊斯兰复兴运动，从宗教中寻求自我救赎的办法。

进入近代以来，在西方的殖民侵略和“委任统治”下，阿拉伯—伊斯兰世界被分化肢解，变成了类似于欧洲的主权国家体系。该体系是欧洲殖民者人为制造的结果，没有考虑中东各地的自然历史情况，因此很多穆斯林不接受这个外部强加的地区体系。许多穆斯林更是从宗教角度否定现行体系，他们认为“主权至上”的观念有违伊斯兰教倡导的“真主至上”的观念。另外，地缘碎片化也让中东国家无力抵抗欧洲或其他外部列强的欺凌。这些人一直有个情结，希望伊斯兰世界在宗教大旗下再次团结起来，乃至重新建立“穆斯林共同体”。

所以，自第二次世界大战结束以来，设法使阿拉伯民族或者广大穆斯林重新团结起来的想法始终没有泯灭过。20世纪50、60年代阿拉伯民族主义风靡中东，该运动强调“阿拉伯民族”认同，主张整个阿拉伯世界团结联合，乃至建立一个统一的阿拉伯国家。该运动失败后，中东地区自70年代开始，又出现了伊斯兰复兴运动。既然民族认同难以落实，就转而强化宗教认同，强调伊斯兰统一。该进程同样没能有效实施，但作为一种共同记忆和意识形态，伊斯兰认同根植于很多穆斯林心中。只要外界出现风吹草动，就会拨动“穆斯林团结”或跨国“圣战”这根敏感神经。所以，近几十年来，只要中东哪个地方出现战乱，无论是外部列强入侵，还是当地世俗政权出现统治危机，总会有人起来号召民众，赶走外来侵略者或推翻当地统治者。这是导致中东出现跨国“圣战”分子的重要原因。

第二个原因是发展不平衡。从世界范围看，在资本主义全球化体系下，世界各国之间、各国内部的发展不平衡问题日益突出。相对于世界其他地方，伊斯兰世界的经济边缘化情况最为明显。从经济水平看，根据2014年各国GDP排名，除土耳其和沙特阿拉伯勉强入选G20外，伊斯兰世界57个国家中，位于20至50名之间的有8个，50名至100名之间有17个，101名至178名有16个，伊斯兰世界基本处于欠发达状态。从安全形势看，根据非营利组织“经济与和平研究所”发布的2014年全球和平指数（GPI）报告，在位列世界上最危险的十大国家中，有6个是伊斯兰国家（叙利亚、阿富汗、伊拉克、索马里、苏丹、巴基斯坦），而西亚、北非作为伊斯兰世界核心区，是世界上动荡与冲突最严重的地区。因此，相比于东方儒家文化圈和美欧基督教文化圈，伊斯兰文化圈整体处于十分困难的局面。

这种发展不平衡导致国家间、地区间以及国内阶级矛盾日趋激化。我们常说“穷山恶水出刁民”，发展滞后很容易滋生极端情绪，导致国家动荡。国家一旦动荡，又很容易成为极端分子蔓延的溃疡面。在中东地区的很多国家，像阿富汗、伊拉克、利比亚、叙利亚等，都是在政局动荡或政权垮台的过程中，各国极端分子蜂拥而至，将这些国家作为复兴伊斯兰大业的“孵化园”。

第三个原因是对西方挑战的应战。在近代之前，伊斯兰世界与欧洲基督教世界实力旗鼓相当，甚至一度处于主动地位。当年的阿拉伯帝国，以及后来土耳其人建立的奥斯曼帝国，都曾入侵到欧洲的心脏地带，并一度令欧洲人谈伊斯兰色变。然而，自近代以后，欧洲凭借建立在工业革命基础上的强大军事优势，在与伊斯兰世界的对决中日趋占据压倒性优势。面对西方咄咄逼人的挑战，伊斯兰世界节节败退、处境被动。自近现代以来，世界上恐怕没有哪个地区比中东地区遭受了更多外来干涉和霸权欺凌。冷战结束后，以美国为首的西方国家共发动了五场地区战争，即科索沃战争、阿富汗战争、伊拉克战争、海湾战争、利比亚战争，其中四场战争在伊斯兰世界，三场战争直接针对阿拉伯核心国家。因此，相比于世界其他地区，伊斯兰世界是危机感、焦虑感最明显的文化板块。面对来自异域的严峻挑战，伊斯兰世界曾经奋起反抗，通过各种方式尝试实现复兴。例如，尝试过通过工业化实现经济复兴、通过政治联合反对外来欺凌，但这些尝试都不是很成功。

在这种情况下，指望中东的当权者帮助穆斯林实现复兴梦想、恢复昔日荣光，根本是不可能的。中东国家的反抗主体日渐从国家下降到个人层面，也就是通过人自为战，谋求在困境中突围。像本·拉登（Osama Bin Laden）这种人，不仅仅是外界常说的恐怖主义头目，他还有一整套改造和复兴伊斯兰世界的大胆想法。他要对付的敌人，既包括中东的世俗政府这一“近敌”，也包括以美国为首的西方国家这些“远敌”（拉登的设想是重点对付美国等“远敌”），并在打烂旧世界的基础上，最终建立一个类似古代穆罕默德和四大哈里发时期的新世界。

2014 年异军突起的“伊斯兰国”，相当于“基地”组织的2.0 版。该组织不同于“基地”组织“打一枪，换一个地方”的恐袭做法，而是公开开疆拓土，建立实体的“伊斯兰国家”。按照“伊斯兰国”头目巴格达迪的设想，其最终是建立一个地跨欧亚非三大洲，乃至包括中国新疆在内的“哈里发帝国”。可以说，正是这种梦幻般的宏伟蓝图，激励着一代代跨国“圣战”分子在伊斯兰地区到处游走，寻找栖身地和突破点。

二　影响评估

那么，中东的跨国“圣战”分子到底给中东政治变迁带来了什么影响？用一句话评价，就是“成事不足，败事有余”。这些跨国“圣战”分子不可能给中东伊斯兰国家真正带来什么正面效应和“正能量”，相反，它们更多带来动荡和灾难。

首先，它给中东相关国家带来的影响是负面的。这是因为，跨国“圣战”分子的首要目标就是想方设法颠覆本国政府。在极端分子看来，中东的民族国家体系本来就是非法的，世俗主义违反伊斯兰政教合一的模式。因此，哪怕是像纳赛尔（Gamal Abdel Nasser）这种深受民众支持的民族主义领导人，他们也进行批判乃至试图暗杀。为了打击本国政府，极端分子经常专门绑架乃至杀害外国游客，以打击相关国家的旅游业。此外，极端分子还经常有意识地破坏石油管道设施，同样是为了摧毁相关国家的经济命脉。换言之，这批力量完全变成了中东政治的搅局者和颠覆者。2011 年中东剧变后，随着利比亚、叙利亚等国出现动荡，这批跨国“圣战”分子再次蜂拥而至，将原本祥和稳定的两个国家搅得沸反盈天。卡扎菲统治时期，利比亚原本是非洲人均收入最高的富裕国家，但现在却四分五裂，三个政府同时并存，大量民众无家可归，乃至流亡海外。叙利亚的巴沙尔政府虽然没有被跨国“圣战”分子推翻，但在这些极端分子搅局下，造成叙利亚恐怖袭击频发，数十万人员伤亡，整个国家经济至少倒退三四十年。

其次，从国际上看，用恐怖主义手段反对霸权主义，最终不仅没有有效打击对手，却招来了更大的报复。本・拉登领导的“基地”组织，将伊斯兰世界遭受的苦难归咎于以美国为首的西方国家。基于此，“基地”组织将美国相关目标作为首要打击对象。他们发动“9・11”恐怖袭击事件时，有个基本逻辑就是，1982 年极端分子在黎巴嫩用汽车炸弹炸死两百多名美国海军陆战队员，结果美国在压力下直接从黎巴嫩撤军。1993 年，美国特种部队在索马里开展抓捕军阀艾迪德（Maxamed Faarax Caydiid）的行动，结果两架“黑鹰”直升机被击落，19 名美国士兵死亡，美国由此很快撤出索马里。所以，本・拉登等人想通过给美国制造更大人员伤亡，迫使美国撤出中东。

但问题在于，“基地”组织是在美国本土制造恐怖袭击，并造成超过 3000 人死亡。美国报复心极强，且早有控制中东的想法，因此以“9・11”事件为借口，加大了对中东的军事介入，并由此给中东伊斯兰国家带来毁灭性的破坏。短短数年内，美国先后在中东发动了两场反恐战争。这两场战争让美国软硬实力严重受损，但中东国家受到的损害比美国大得多。伊拉克原本是中东和平绿洲，但战争使伊拉克由治到乱，教派矛盾升温、恐怖袭击频发，平民大量伤亡，基础设施严重被毁。某种程度上，伊拉克已经变成“失败国家”。与此同时，美国在中东推行“民主改造”战略，扶植西式民主，结果因水土不服，造成更多问题。

由此观之，跨国“圣战”分子在中东的四处活动，更多是作为搅局者存在。他们没有给中东政治变化带来什么“正能量”，反而给中东留下“一地鸡毛”，造成更多后患。

三　结论

中东跨国分子的出现，实际上是中东地区特定的宗教—历史背景、现实境遇、外来挑战合力作用的结果。这股力量是中东地区应对重重挑战的应激性反应，也可以说是“绝望中的反抗”。但必须指出的是，中东面临的困境更多是结构性问题，因此需要通过结构性调整的办法解决，通过极端恐怖手段解决结构性问题，是南辕北辙，只会适得其反。

西方学界关于自由迁移的争论述评

田方萌*

什么是跨越国界的自由迁移？如果不用办理护照签证，从一个国家到另外一个国家，也没有居住时限，人们就实现了自由迁移。美国的盖洛普调查公司最近几年做过一项全球调查，问各个国家的居民是否想永久迁移到另外一个国家，如果想的话是哪个国家。结果表明，美国、澳大利亚、欧洲属于主要目的地，非洲、中东、中亚基本上没人去，中国和印度在这之间。

根据调查结果，我们可以计算出有多少人想移民到发达国家，保守估计也有两、三亿人。现实中有多少人能移民到这些国家呢？2008—2017 年，每年经合组织（OECD）成员国能吸纳的移民数量大约是四五百万人，这还包括了欧盟内部的迁移数量，非 OECD 国家进入发达国家的数量可能也就两三百万。也就是说，今天想移民到发达国家的人，如果都能实现移民梦，排队得排一个世纪。对于世界上很多人来说，渴望移民到发达国家的愿望和发达国家把他们拒之门外的现实之间存在着巨大的矛盾。

这个矛盾在西方学界不是没有人思考和讨论。《世界人权宣言》第 13 条说了两点，一是人们在各个国家内有居住迁移的自由，二是人人有权离开各个国家，但是没有说人人有权进入其他国家。20 世纪 80 年代后期，有一些西方学者开始主张发达国家应该把门开得更大，让更多移民进来，我们可以将他们称为“开放论者”。开放论者的论述在学理层面已经达到成熟的程度，至少是需要认真对待的。他们呼吁建立一种移民体制，允许不同程度的自由迁移，但都要比今

---

* 田方萌，中央民族大学社会学系副教授。

天的西方移民政策宽松。笔者按照两项标准把有关论述分为四类，一是根据正方和反方，二是根据他们论述的性质，是直言命题还是后果命题。直言命题一般是通过某种道德原则，推演出人们应当做什么或不做什么。后果命题顾名思义，要看看到底发生了什么，发生的结果好不好。笔者做的分类如下：支持开放国门的直言命题，反对开放国门的直言命题，支持开放国门的后果命题，以及反对开放国门的后果命题。

加拿大多伦多大学的教授约瑟夫·H. 卡恩斯（Joseph H. Carens）对支持开放国门的直言命题做了最有力的论述。他认为大多数想移民到发达国家的人都是普通人，而不是可能的犯罪分子或恐怖分子，他们只是想通过移民改善自己的生活。西方国家将这些人拒之门外，控制移民是不符合自由民主国家的理念的。卡恩斯认为，我们不论从哪个版本的自由主义出发，最后的结论都会要求自由民主国家采取更加开放国门的政策。这是一种约翰·B. 罗尔斯（John B. Rawls）所谓的“重叠共识”，虽然理论基础不同，最后结论是接近的。

这里笔者举一个例子。美国哲学家罗尔斯提出了著名的问题：假如我们都在无知之幕之后，不知在现实世界身份如何，我们该如何为即将到来的真实世界制定一套规则。罗尔斯的答案是，我们的政策应该是保护那些最弱势的群体，就是世界上最不幸的群体，这样即使有人不幸生为他们中的一员，这个世界的游戏规则至少还是照顾他的。世界上最不幸的群体应该是穷国的穷人，发达国家制定移民政策，根据罗尔斯的原则，就应该是让穷国的穷人先移民过去。既然西方绝大部分学者会承认在一国之内的迁移自由是基本人权，那为什么跨过国门就不是基本人权了？

卡恩斯很不客气地批判了西方现在控制移民的政策，他认为西方民主政体的公民身份相当于一种封建特权，你生在美国的话就有机会当议员或富豪，而出生在非洲某个穷国，这辈子就没有上升的空间。当然他也承认一些限制移民的合理理由，比如说基于国家安全和公共卫生考虑的移民政策，但是这些理由比人们通常想象的脆弱，而且只适用于限制特定的群体进入。有人可能觉得卡恩斯的观点很荒谬，认为控制边界应该是国家主权的一部分。但在卡恩斯看来，主权是一组权利的集合，并不是单一的权利，自由国家可以把控制边境的权利分割出来，仍然保有其主权。例如今天的欧盟，虽然在边境管制方面放松了权限，可它们仍是主权国家。

我们再来看反对开放国门的直言命题。第一种观点的代表人物是社群主义者迈克尔·沃泽尔（Michael Walser），他认为社群是封闭性的体系，如果一个社群能保有它的品性（communities of character），必须做出一定的规范和要求，包括限制成员的资格，否则这个社群就解体了，或者失去了意义。沃泽尔认为，如果想保有西方的自由民主政体，就必须控制社会成员的准入条件，必须有选择地控制外来移民。第二种观点是英国学者大卫·米勒（David Miller）提出来的。为什么发展中国家和发达国家发展不平衡？米勒指出一个很重要的因素，就是各个国家集体的决策，这些决策在很大程度上决定了国家之间的不平衡发展。比如说，A 国领导集团很英明，经过一些年，A 国的发展程度高于 B 国。这时 B 国国民想要迁移到 A 国，A 国是没有义务为他们开放国门的，因为 A 国不应该为 B 国较低的发展水平负责。

关于自由迁移的后果命题基本都来自经济学者。20 世纪 80 年代两位西方经济学家首先做了一个模型，支持开放国门。他们通过模型论证，如果允许劳动力跨国自由流动的话，整个世界的产出将会产生巨额增长。其他经济学家又在此基础上推出了一系列模型，他们的计算结果都表明，允许自由移民后，全世界产出将增加很多。为什么会增加很多呢？设想一位墨西哥工人从墨西哥移民到美国后，工资会翻几倍，如果穷国人口都有机会去发达国家的话，那地球上的贫困问题不就解决了吗？世界银行经济学家兰特·普里切特（Lant Pritchett）在《让他们的人进来》（Let Their People Come：Breaking the Gridlock on Global Labor Mobility）一书中对此做过有力的论述，他认为：假如全球还没有在国际流通的商品都允许流通了，全球的经济产出只会增长一点儿；如果使国际劳动力市场充分自由化，全球经济增长将翻一倍。如果他预测很准确，我们今天也不必讨论中美贸易战了，自由迁移才是最大的经济问题。

最后说一下反对开放国门的后果命题。哈佛大学的经济学家乔治·J. 鲍尔斯（George J. Borjas）对开放论者的模型进行了修正，他认为开放论者对劳动力跨国迁移的理论假设过于乐观了。他在模型里增加了一个系数，代表移民到来后融入的程度。考虑到很多移民来到发达国家后仍然保有原来的文化习俗，这意味着他们不可能跟所在国国民的行为举止一模一样，因此也会对所在国的制度运转产生负面的影响。

将移民不能充分融入目的国的因素纳入后，鲍尔斯发现开放论者的乐观估计就得打个折扣，甚至允许自由迁移后，全球经济还会出现负增长。进一步考虑移民迁移的成本，将这些成本总额从收益中扣除，我们可以看到，这样的模型预测出来的结果并不是那么振奋人心的。

20 世纪 60 年代以后，平等主义思想在西方兴起，平权运动也涉及很多群体，包括女性、少数族群，甚至包括动物。在这一背景下，多元文化主义认为美国不应该是熔炉，而应该成为马赛克。主张开放国门的直言命题之所以会出现，笔者认为也是这样的思潮直接导引出来的。卡恩斯在他的书中就明确说过，自由迁移可以有效减少当今世界的政治和经济不平等。

与此同时，新自由主义在国际上成为指导发展的主要思想。新自由主义鼓吹商品和资本跨越国界的自由化，有些经济学家就进一步认为作为生产要素的劳动力也应自由化，以促进更多的产出和交易。

上述两种主张开放国门的论调都带有理性主义和激进主义的色彩，不管是西方国家的领袖还是民众，都务实地没有听从开放论者的建议。经过多年争论后，卡恩斯也称他的主张不是要指导当下，而是要阐述一种道德理想。不过，在学理层面上，笔者认为两边都还面临着一些理论上的困难，最后谁也没有说服谁，并没有分出胜负。

西方学界有关开放国门的争论在两个领域里进行，政治哲学家和经济学家虽然注意到了对方的讨论，但基本上是井水不犯河水，没有形成统一认知，或是一起进行过研究。其实双方的论点和论证在很多方面是相通的，如果他们能彼此学习和交流，各自的论证都会更有力量。在今天的世界，自由迁移确实是个全球性的问题，社会主义和保守主义的思想家今后也应参与到对话当中，有关的争论对世界移民体系和中国移民政策都有启示。

俄罗斯对外战略中的上海合作组织*

庞大鹏**

【内容提要】 俄罗斯对于上海合作组织总的政策是巩固其在地区和全球事务中的作用并扩大其组成，拓展其政治和经济潜力，并在其框架下采取能够在中亚加强互信和伙伴关系的切实措施。由于受到国际形势与国内政治的双向影响，俄罗斯对上海合作组织的设想、定位、发展前景等问题的认知在不同时期有很大的变化。上海合作组织成立后，经历了“9·11”事件、伊拉克战争、独联体地区的“颜色革命”、俄格冲突、金融危机、乌克兰危机等重要国际政治事件，这些事件对于俄罗斯的国际观和国家利益观都产生了深刻影响。在治国理政观念发展变化的同时，俄罗斯对上海合作组织的认知也经历了从关注上海合作组织外部影响到兼顾上海合作组织内部建设的过程，进而经历了从上海合作组织是变化的世界秩序中地缘政治新主体的看法到上海合作组织应作为大欧亚新共同体中心力量的定位的变化。普京再次连任总统后，俄罗斯对外关系的主要目标是深化欧亚地区一体化进程，同时管控与西方矛盾并坚持斗争与合作并举。由于对与西方关系的认识较为消极，俄罗斯向东看的态势更加明显。上海合作组织在俄罗斯对外战略中的地位继续增强。

---

* 感谢《世界政治研究》匿名审稿专家提出的修改意见，笔者文责自负。

** 庞大鹏，中国社会科学院俄罗斯东欧中亚研究所研究员，中国社会科学院俄罗斯研究中心主任。

【关键词】 俄罗斯对外战略 上海合作组织 中俄关系 国家利益 “一带一路”

一 引言

2001 年 6 月 15 日，上海合作组织成立。这是 21 世纪初国际关系中的大事。

上海合作组织是由中国、俄罗斯、哈萨克斯坦、吉尔吉斯斯坦和塔吉克斯坦构成的“上海五国”演变而来。1996 年 4 月 26 日，五国元首在上海举行第一次会晤，签署了《关于在边境地区加强军事领域信任的协定》;① 1997 年 4 月 24 日，在莫斯科举行第二次会晤，签署了《关于在边境地区相互裁减军事力量的协定》。② 这两次会晤及其签署的文件表明，五国决心成为好邻居、好朋友、好伙伴，把世界上最漫长的陆地边界变成和平、安宁和友好合作的边界。这两次会晤以中国为一方，俄、哈、吉、塔为另一方。从第三次起，会晤变成为五国间的多边会晤，一年一度的元首会晤也被固定下来。五国合作机制由此启动。

1998 年 7 月、1999 年 8 月和 2000 年 7 月，五国领导人会晤先后在阿拉木图、比什凯克以及杜尚别举行。会晤的内容不断扩大，由加强边境地区的信任和裁军问题发展到各个领域的全面合作。与此同时，在“上海五国”的框架内，除元首会晤外，又相继建立了外交、国防、执法与安全部门领导人、国家协调员等会晤机制。

2001 年 6 月，乌兹别克斯坦正式加入“上海五国”机制，哈、中、俄、吉、塔、乌六国元首在“上海五国”机制的发源地上海举行会晤，签署了《“上海合作组织”成立宣言》，从而把“上海五国”机制提升到更高的合作层次。迄今上海合作组织成员国已经举行了 18 次元首理事会。

以《上海合作组织宪章》《上海合作组织成员国长期睦邻友好合作条约》为遵循，上海合作组织构建起不结盟、不对抗、不针对第三方的建设性伙伴关系。

---

① 《中华人民共和国和哈萨克斯坦共和国、吉尔吉斯共和国、俄罗斯联邦、塔吉克斯坦共和国关于在边境地区加强军事领域信任的协定》，http://www.npc.gov.cn/wxzl/gongbao/1996-08/29/content_1480006.htm。

② 《中华人民共和国和哈萨克斯坦共和国、吉尔吉斯共和国、俄罗斯联邦、塔吉克斯坦共和国关于在边境地区相互裁减军事力量的协定》，http://www.npc.gov.cn/wxzl/gongbao/2000-12/07/content_5003798.htm。

这是国际关系理论和实践的重大创新，开创了区域合作新模式，为地区和平与发展做出了新贡献。上海合作组织已经是世界上幅员最广、人口最多的综合性区域合作组织，成员国的经济和人口总量分别约占全球的20%和40%。上海合作组织拥有4个观察员国、6个对话伙伴，并同联合国等国际和地区组织建立了广泛的合作关系，国际影响力不断提升，已经成为促进世界和平与发展、维护国际公平正义不可忽视的重要力量。①

上海合作组织是中国与邻国探索建立新型安全模式、新型国家关系和新型区域合作模式的产物。上海合作组织是新时代中国特色大国外交的重要组成部分。“上海精神”是新时代中国特色大国外交理念的鲜明体现。“上海精神”在新时代与时俱进。2018年青岛峰会后，在“上海精神”的发展观、安全观、合作观、文明观和全球治理观的指引下，上海合作组织开启发展新征程。

二　俄罗斯对外战略中的上海合作组织：历史演变

上海合作组织是由中国倡导建立并伴随中国改革开放和社会主义现代化建设而发展成长的。在这个过程中，俄罗斯对于上海合作组织的认知也在发展变化。

（一）“9·11”事件后俄罗斯对上海合作组织的最初设想

2001年6月上海合作组织成立不久，“9·11”事件爆发。“9·11”事件之前，俄罗斯对在“上海五国”机制下达成的双边军事监督和边境纵深透明的制度协定感到满意，因此响应了中国成立上海合作组织的倡议。俄罗斯认为成立上海合作组织的动机是显而易见的：需要一个打击伊斯兰极端主义和原教旨主义、维护地区稳定的组织。上海合作组织可以对车臣和其他极端主义挑战做出相应回答。但是在“9·11”事件后，局势发生了变化。

“9·11”事件后，美国在乌兹别克斯坦、吉尔吉斯斯坦和塔吉克斯坦建立了军事基地。在俄罗斯看来，上海合作组织本来应当涉及谴责车臣恐怖主义，但车臣恐怖主义在“9·11”事件后已由俄罗斯内部现象变成国际现象。而在加入上海合作组织的中亚国家看来，“9·11”事件后的局势表明，美国迅速和有效

① 《习近平在上海合作组织成员国元首理事会第十八次会议上的讲话》，2018年6月10日，http：//www. xinhuanet. com/world/2018－06/10/c_ 1122964013. htm。

地打击伊斯兰原教旨主义和恐怖主义的斗争比上海合作组织单纯发表相关声明更为有力。

不仅如此，由于普京执政之初奉行战略收缩政策，致力于改善俄美关系，“9·11”事件后，北约组织和俄罗斯关系迅速升温。经过一系列外交活动，2002 年 5 月 28 日普京总统与北约成员国领导人签署《罗马宣言》，正式成立“北约—俄罗斯理事会”。

在这种国际形势下，针对布什提出的“邪恶轴心”论，普京提出“稳定弧”概念，上海合作组织被俄罗斯视为地缘政治的工具。2002 年 4 月 19 日，普京在与冰岛总统会晤会后见新闻记者，在谈到俄罗斯与北约关系时，正式提出“稳定弧”思想。① 2002 年 6 月 5 日，普京在接受人民日报采访时再次明确解释“稳定弧”的含义。②

普京认为，“稳定弧”由三部分组成，西部是北约，东部是中国占主导地位的上海合作组织，中部是由独联体 6 个国家建立的集体安全条约组织。普京标出“稳定弧”的地理轮廓：北约国家、俄罗斯、中亚国家和中国。“稳定弧”设想可能成为既证明集体安全条约组织有必要存在，又不让东西方之间发生新的对抗的第三条道路。普京认为，俄罗斯和北约建立起来了“20 国”合作机制，俄罗斯同亚洲国家的合作能够建立起以俄罗斯南部为中腰、从大西洋延伸到太平洋的“世界上的稳定弧”。普京选择“弧”这个术语绝非偶然，布什在阐述国际安全问题时提出了“邪恶轴心”概念，“弧”就是解决这个问题的一个方案。③

这一时期俄罗斯对上海合作组织的认知鲜明地体现在俄罗斯国内对上海合作组织的前景存在两种设想。第一种，使该组织转变为包括中、印在内的新“华约”来抵制北约和西方。但这与普京的“稳定弧”主张相悖，普京这一时期的政策是俄罗斯力求同北约融为一体、美俄接近、签署削减进攻性战略武器条约，而且中、印两国都不想加入一个反西方联盟，因为它们都需要西方。第二种，是在上海合作组织基础上建立另一种组织，根据地区化主张同西方机构融为一体，

---

① Заявление для прессы и ответы на вопросы журналистов по итогам российско-исландских переговоров, 19 апреля 2002 года, http://www.kremlin.ru/events/president/transcripts/21570.

② Интервью китайской газете《Жэньминь Жибао》, 5 июня 2002 года, http://www.kremlin.ru/events/president/transcripts/21624.

③ Андрей Миловзоров, Согнем ось зла в дугу стабильности! 27 май 2002 года, https://utro.ru/amp/articles/2002/05/27/79962.shtml.

由广泛的观察员国和成员国所组成。这种方案明确体现出俄罗斯的利益，因为较开放的组织形式有助于俄罗斯在建立欧亚安全全面体系中起关键作用。该方案同时还可带来战术好处，使上海合作组织作为一个组织更积极地加入阿富汗和平进程，在同盟友机构紧密接触的情况下，免遭伊斯兰极端主义的威胁。它还有利于消除一个微妙的问题，即谁可以、谁不可以成为这个组织的新成员。①

从俄罗斯对于上海合作组织的举措看，从一开始俄罗斯就积极推动第二设想，即推动上海合作组织扩员并将上海合作组织视为实现俄罗斯国家利益的重要地缘政治平台。2002 年 6 月 7 日，第二届上海合作组织峰会在俄罗斯圣彼得堡举行。这次峰会六国元首签署了《上海合作组织宪章》。对经历了“9·11”事件后国际形势变化的上海合作组织来说，签署组织宪章具有定航指引的含义。在谈到签署基本文件问题时，普京表示，这不仅对亚洲来说，而且对世界来说都是重要事件。② 在俄罗斯看来，组织宪章在一定意义上改变了上海合作组织的职能与性质。上海合作组织的前身——“上海五国”机制是为了解决复杂的边界和军事问题，随后扩展到应对伊斯兰极端主义和分离主义。边界军事问题和三股势力问题出现在苏联解体后，这种战略真空对中国、俄罗斯和中亚都构成威胁，上海合作组织成立的共同动力强劲。但是，阿富汗塔利班政权在“9·11”事件后垮台和有美军驻扎的中亚国家开始直接与美国发展关系，这都对上海合作组织既有的功能设计产生了一定影响。

俄罗斯遵循第二种上海合作组织的发展设想，根据具体变化的国际形势要求和自身外交政策需求的变化，在圣彼得堡峰会上积极推动组织宪章和元首宣言通过，将被外界视为具有抗衡美国色彩的上海合作组织定位成“不针对个别国家或国家集团”的开放性联盟。不仅如此，遵循第二种设想的原则，俄罗斯公开宣称上海合作组织是亚洲多边合作的基石。③ 同时，圣彼得堡峰会发表的元首宣言强调，该组织的合作中心已从安全问题转移到了经济问题，认为上海合作组织未来工作的另一个有发展前途的领域是经济合作。能源、管道、自然资源利用和

---

① Сергей Лузянин, “Шанхайская шестерка” уже никого не устраивает, http://www.ng.ru/world/2002-06-06/7_shanhai.html? id_ user = Y.

② Владимир Путин принял участие в саммите Шанхайской организации сотрудничества, 7 июня 2002 года, http://www.kremlin.ru/events/president/news/27109.

③ Дмитрий Косырев, Шанхайская организация сотрудничества-фундамент для многостороннего сотрудничества в Азии, 7 июня 2002 года, https://ria.ru/20020607/169304.html.

水资源等合作是总理会晤机制主要讨论的内容，为今后地区合作奠定物质基础。至此，上海合作组织发展的“两个轮子”——安全合作与经济合作，初具雏形。

（二）伊拉克战争后俄罗斯对上海合作组织面临问题的看法

国际组织的成长与发展与国际形势的变化密切相关。2002 年 9 月 20 日，布什政府发布《美国国家安全战略》，美国放弃了在冷战时期的威慑和遏制战略，转而采取了所谓“先发制人”的战略。美国认为，国际核不扩散机制未能防止伊拉克取得大规模杀伤性武器。美国的这一判断具有三个意义：其一，正式明确了下一个军事打击目标就是伊拉克；其二，明确了美国军事打击伊拉克的战略思想基础；其三，对大规模杀伤性武器的核查成为战前的关键问题。

战前俄罗斯在联合国内外进行了反战游说。俄罗斯一直主张应在联合国框架内寻求尽快通过政治方式解决伊拉克问题，反对美国单方面使用武力推翻萨达姆政权。2003 年 3 月 17 日，普京表示，俄罗斯反对美国等国对伊拉克动武，俄罗斯在伊拉克问题的立场是明确、坚定的，那就是通过和平的方式解决。俄罗斯还和法国、德国组成三国反战联盟，在联合国安理会展开斡旋。他们的态度在很大程度上源于对经济现实和国家利益的考量。① 俄罗斯在伊拉克的经济利益与普京执政之初的外交实用主义的经济需求基本吻合。②

美国不顾国际社会多数国家的强烈反对，绕开联合国安理会对伊拉克发动了“先发制人”的军事行动。美国的这一行径违背了《联合国宪章》和国际法基本准则，是对联合国权威的严重挑战，并且破坏了冷战结束后所确立的国际安全体系和以主权国家为基础的国际政治体系，严重危及其他主权国家的安全利益。这些对正在寻求借助联合国权威整合外交资源的俄罗斯来说，无异于迎头一击。换句话说，伊拉克战争反映了美国强调本国主权的政治风格，也反映了俄美价值取向上的分歧。究竟用战争还是和平手段解决伊拉克问题，已经不再是战术问题，而是选择何种战略的问题。③

伊拉克战争对俄罗斯认识上海合作组织的定位和前景产生了重要影响。俄罗斯学者认为，伊拉克战争暴露出上海合作组织成员国对外政策的不一致。俄罗斯

---

① F. Bowers, “Driving forces in war-wary nations,” *The Christian Science Monitor*, February 25, 2003.

② D. G. Victor and N. M. Victor, “Axis of Oil? ” *Foreign Affairs*, March-April, 2003.

③ Л. Шевцова, Россия между Америкой и Европой, Московские новости, №. 7, 2003г.

和中国绝对反对战争；塔吉克斯坦、哈萨克斯坦、吉尔吉斯斯坦在“维持国际法框架内”持中立立场；乌兹别克斯坦则表示无条件地彻底地支持美国的军事行动。在伊拉克战争之后，俄罗斯、中国和塔吉克斯坦都最终批准了《上海合作组织宪章》，而乌兹别克斯坦、吉尔吉斯斯坦和哈萨克斯坦暂未批准。

俄罗斯认为，伊拉克战争还暴露出上海合作组织的发展存在一系列尖锐的问题，包括未来的成员国名单、发展战略和乌兹别克斯坦的特殊立场，这些问题的解决将决定该组织的命运。在俄罗斯看来，可能成为新成员的国家非常多，有印度、巴基斯坦、伊朗、蒙古、韩国和土库曼斯坦。因为上海合作组织缺少一系列加入机制的章程性文件，巴基斯坦和印度的正式申请被拒绝。俄罗斯认为这是上海合作组织的战略定向问题，上海合作组织面临选择：要么让它成为一个开放自由的组织，要么依然保留半封闭的俄中模式。俄罗斯认为，上海合作组织的发展战略是，同独联体集体安全条约组织在反对恐怖主义、极端主义、毒品走私以及在中亚建立与北约相似的军事政治组织方面接近。上海合作组织是否会成为中亚国家之间矛盾和冲突的调解者也是一个有争议的问题。乌兹别克斯坦、哈萨克斯坦、塔吉克斯坦、吉尔吉斯斯坦四国在政治、经济、边界划定和资源分配上积累着大量的潜在冲突，而乌兹别克斯坦和哈萨克斯坦激烈争夺地区领袖地位也加剧了潜在冲突。上海合作组织还需要解决乌兹别克斯坦问题。乌兹别克斯坦没有出席上海合作组织 2013 年 4 月在阿拉木图举行的外交部长会议。乌兹别克斯坦不是独联体集体安全条约组织和欧亚经济共同体成员国。①

（三）“颜色革命”后俄罗斯对上海合作组织内部协作的需求

2005 年 7 月，时任俄罗斯总统上海合作组织事务特别代表沃罗比约夫在接受采访时认为，上海合作组织的工作重点首先是完善法律章程，其次是草拟经济合作方案。对于吉尔吉斯斯坦发生郁金香革命和乌兹别克斯坦发生安集延骚乱，沃罗比约夫认为上海合作组织没有发挥出巨大作用可以理解。他认为决定上海合作组织能力空间的是客观现实。上海合作组织并非军事政治联盟，亦非经济集团，无力解决众多难题。上海合作组织成员国具有不同的历史命运、迥异的发展潜力、物质和智力资源。组织内部奉行协商原则，唯有各方同意，决议方能通

---

① Сергей Лузянин, На пути к “азиатскому НАТО”, http：//www. ng. ru/dipkurer/2003 – 05 – 26/10 _ shos. html.

过。经验证明，上海合作组织内部是可以达成一致的，包括一系列复杂问题。

对于中国提出的上海合作组织自由贸易区的建议，沃罗比约夫认为，上海合作组织并未将成立自由贸易区作为工作目标。在本组织的长期纲领中提到，经济合作的目的是为内部资源、资本和人员的自由流动创造有利条件。这是相当复杂的问题，因为成员国身处不同的经济组织之中。中国与吉尔吉斯斯坦已加入世贸组织，该地区还有欧亚经济共同体和独联体的经济合作机构，不久前还成立了中亚合作组织。因此，俄罗斯认为上海合作组织自由贸易区的建议暂时不具有现实性。①

俄罗斯对上海合作组织内部协作的需求与独联体地区 2005 年前后爆发的“颜色革命”密切相关。从 2005 年俄罗斯反对派借助社会福利货币化改革带来的社会和民众的不满情绪以及独联体地区不断爆发“颜色革命”的势头，在西方势力的支持下，挑动民众街头抗议活动，扩大政治影响，甚至于改变俄罗斯的政治发展方向。俄罗斯政治存在的这种不确定性促使普京政权从 2005 年开始逐步采取立足俄罗斯政治实际同时又面向俄罗斯未来发展的一系列卓有成效的举措，从制度保证和机制传递等层面确保了俄罗斯政治体系的稳固。正是基于上述国内政治的需要，俄罗斯对上海合作组织内部沟通与协作的需求显著增强。

俄罗斯对于加强上海合作内部的协作有具体的设想。俄罗斯认为，上海合作组织框架内的合作应当也势必会扩大。重要的是，不要单纯追求数量，有必要列出若干优先领域，集中力量发展。上海合作组织内部各成员国经济实力和国际地位已经发生了明显的分化，各成员国在组织内部的地位出现了以下三大层次：影响力最大的是中国和俄罗斯，其次是哈萨克斯坦和乌兹别克斯坦两个地区大国，影响力居中，最后是吉尔吉斯斯坦和塔吉克斯坦，它们在中亚地区和上海合作组织内部的影响力都居末位。可以将乌兹别克斯坦和哈萨克斯坦单列出来，让它们负责维护中亚地区的安全与稳定。而俄罗斯和中国作为该组织的主要国家，由于其地缘政治和经济地位，应该负责上海合作组织总战略路线的制定以及与世界其他国家的交往。俄罗斯建议在维持上海合作组织领导机构现有的法律和事实上地位平等和集体决议机制不变的情况下，讨论在其内部实施三级责任机制的问题。对机构进行结构功能调整，一方面能够在中长期内缓和较为尖锐的哈萨克斯坦与

① Александр Ломанов,《ШОС еще находится в младенческом возрасте》, http://www. vremya. ru/2005/118/5/128948. html.

乌兹别克斯坦之间的矛盾，平衡中亚这两大力量中心，另一方面，也能将上海合作组织内部的实力差距制度化。这一差距是引发组织内部各种分歧的源头。

俄罗斯对于上海合作组织的人文合作也予以充分重视。俄罗斯认为，各成员国都有其独具特色的民族文化、传统和社会心理。既然上海合作组织成立的基础是互相尊重文化多样性，就必须将这一哲学付诸实践中。这不仅将推动组织内部各成员国的联合，也将把上海合作组织变成连接东西方文明的纽带。上海合作组织已具备了相当高的国际威望。2004 年 6 月，在上海合作组织塔什干峰会上，各成员国的联合声明在国际社会引起了强烈反响。为此，上海合作组织内部的组织原则、目标和作用空间需要加强设计，这决定了它对于其他国家具有多大的吸引力。①

与此同时，这一时期俄罗斯更关注上海合作组织内部协作，而对于上海合作组织扩员热情不高。俄罗斯指出，共同抗击恐怖主义、分离主义和极端主义是上海合作组织的主要任务之一。2006 年的上海合作元首峰会上签订了反恐和禁毒合作协定。普京表示：上海合作组织是在 2001 年 9 月 11 日之前成立地区反恐机构的第一个国际组织。如今成员国的强力部门进行集体协作，这是为了制止贩毒活动。禁毒被俄罗斯视为在上海合作组织中的重要利益。② 对于上海合作组织扩大问题，俄罗斯表示这是一个很复杂的问题。如果伊朗加入上海合作组织，那么这对上海合作组织会有什么影响呢？世界会如何看待这个组织呢？很难想象，印度和巴基斯坦谁先加入上海合作组织，两国对各自国际地位的变化通常很敏感。两国一起加入上海合作组织又会怎么样？竞争对手的加入会给上海合作组织造成什么样的影响？联合着世界一半的并不富裕人口的国际组织能否有效地发挥作用呢？应该使上海合作组织以现有状态更有效地加强合作，首先是在经济上，这是五年前成立上海合作组织时的初衷。③ 普京表示上海合作组织是成功的国际合作新模式，“上海合作组织因素”是广袤的欧亚地区稳定的重要因素。这是地区政治和全球政治的现实。对于上海合作组织内部协作问题，普京明确表示：“下一个合乎逻辑的行动是在制止贩毒活动方面进行协作，强力部门之间也会相应地密

① Сергей Лузянин, Российско-китайское взаимодействие в XXI веке. Мировая экономика и международные отношения, 2005, № 5.

② ШОС—новая модель успешного международного сотрудничества, 14 июня 2006 года, http://www.kremlin.ru/events/president/transcripts/23633.

③ Артур Блинов, ШОС на перепутье, http://www.ng.ru/world/2006-06-15/10_shos.html.

切合作。地区稳定问题始终处于上海合作组织成员国的密切关注之下。我们在这方面为最广泛的合作敞开大门，显而易见，上海合作组织范围很广的活动不仅仅局限于政治领域。我们有内容丰富的经济问题的议事日程。经济合作对上海合作组织来说正变得越来越重要。本地区拥有开展有效的互利合作的巨大潜力，这种合作能够大大提高人民的生活水平，把中亚变成世界最发达的地区之一。我认为，只有地区一体化机制才能够有效地实现上海合作组织成员国自然的竞争优势。这涉及能源行业、资源基础、运输、传统和创新工业部门、科学和技术等领域。人文领域在上海合作组织内越来越受重视。毫无疑问，这方面的工作将会丰富上海合作组织，将会以科学、文化、青年和人际等方面的联系充实上海合作组织。”①

2007 年上海合作组织国家元首比什凯克峰会召开前夕，时任俄罗斯第一副外长杰尼索夫继续阐明俄罗斯对于上海合作组织内部协作重要性的观点。杰尼索夫认为，上海合作组织是个年轻的组织，还处在形成的阶段。暂停扩大上海合作组织是因为必须加强组织内部的关系，确定通过何种方式以及与哪些有兴趣的国家进行接触或合作。此外还存在着一些组织和技术方面的问题，这些问题涉及如何确定对话伙伴国和上海合作组织观察员国的地位以及它们的潜力和权力范围。②

在加强内部协作的氛围下，2007 年 8 月 16 日，上海合作组织成员国元首理事会第七次会议——比什凯克峰会举行。六国元首共同签署了《上海合作组织成员国长期睦邻友好合作条约》。该条约是一个宪法性的文本，是规范成员国相互关系准则的重要政治法律文件，对促进上海合作组织成员国互利合作具有重要意义。

（四）俄格战争后俄罗斯对上海合作组织与世界秩序关系的认识

2008 年 8 月，俄格战争爆发。时任俄罗斯总统梅德韦杰夫高调宣布了外交政策五项原则。梅德韦杰夫认为单极化不能接受。他说，俄罗斯不能接受由一国

---

① ШОС—новая модель успешного международного сотрудничества, 14 июня 2006 года, http: // www. kremlin. ru/events/president/transcripts/23633.

② “Содержательная работа со странами-наблюдателями ШОС пока не сложилась,” http: // www. vremya. ru/2007/145/5/184889. html.

做出所有决定的世界格局，就连美国这样的大国也不能这样做，这种世界格局不稳定，面临各种冲突的威胁。梅德韦杰夫强调，正如世界其他国家一样，俄罗斯也有自己利益攸关的地区势力范围。新的国际安全体系应以多极世界秩序为基础。① 俄罗斯地缘政治科学院院长伊瓦绍夫上将认为，俄格冲突背后的地缘政治目标是削弱俄罗斯，使俄罗斯无法妨碍美国建立世界新秩序。美式世界秩序是牺牲他国利益满足美国对世界关键地区和资源的控制，这对人类发展构成威胁。

在这种认识前提下，俄罗斯认为，只有上海合作组织呈现出健康的地缘政治新主体的轮廓。俄罗斯认为，组建上海合作组织的思想基础是单极世界秩序对人类来说是不稳定和危险的，并且具有建立军事暴力专制的趋势；在全球范围内建立自由市场关系可能导致世界经济失衡、全球资源争夺的尖锐化，并使大量人口因饥饿、疾病和武装冲突而丧生；需要营造各个国家和文明之间的和谐关系；在平衡力量和潜力以及巩固严格的国际法体系基础上构建安全体系。上海合作组织汇聚了五种文明：俄罗斯文明、中华文明、伊斯兰文明、印度教文明和佛教文明。它们拥有很多共同点：首先，思想精神原则和集体主义原则高于个人狭隘实用主义的原则。其次，这些文明一致反对单极世界体系，反对货币主义思想占统治地位，支持维护《联合国宪章》确立的国际关系原则。

俄罗斯建议，为了确定未来世界的轮廓和人类发展的方向，必须在上海合作组织的主持下召开国际地缘政治大会，邀请反对单极世界体系和自由货币主义思想的国家和国际组织参加。国际社会的健康力量夺取地缘政治主动权的时刻已经到来。上海合作组织有义务领导这一历史性的必然进程，以便制止威胁人类文明存在的消极因素。②

俄格冲突前后，金融危机席卷全球，俄罗斯也深受其害。俄罗斯政治研究中心主任布宁认为，金融危机既检验上海合作组织的稳定性也给上海合作组织带来变革机会。在布宁看来，金融危机对全世界很多国家来说可谓是“试金石”。一方面，危机暴露了一大堆在相对繁荣时期可能被忽视的问题，并使得它们变得异常尖锐。这些问题显示出一些国家缺乏效率，而对于另一些国家而言，它们是不

---

① Тамара Шкель, Пять принципов президента Медведева, http：//www. rg. ru/2008/09/01/princypi. html.

② Леонид Ивашов, Этот безумный мир-и ШОС, 26 августа 2008 года, https：//rian. com. ua/analytics/20080826/77985262. html.

可避免的。另一方面，危机一如既往地扮演了“防疫”的角色，提供了制定更为有效的新方案的机会。这一切都和上海合作组织有关。危机也将成为检验该组织稳定性，暴露其内部问题的试金石。同时，它给上海合作组织带来了变革的机会。

上海合作组织的前景与其性质息息相关。该组织的任务之一是创造并维持一种关系体系，消除或减少中亚可能发生的地缘政治竞争。上海合作组织的经验展示出一种基于可以接受的妥协的解决方案。俄罗斯和中国在中亚应如何发展的问题上拥有相似的见解。它们都认为，应当保持中亚非政教合一的体制，避免出现破坏政治稳定的分裂运动和宗教极端主义。同时，不能让美国和西方在该地区积极地活动。最后，在必须扩大该地区经济合作问题上也应保持一致。扩大经济合作的潜力和这方面的积极势头无疑是存在的，首先是在开展投资合作，发展交通运输、过境直运和现代化信息通信技术方面。发展上海合作组织在东西和南北方向巨大的过境运输潜力尤其重要。在这方面，上海合作组织成员国的地理位置给它们带来了得天独厚的条件，通过中亚可以在欧洲和东亚经济中心之间实现最短距离的货物运输，南北走廊也具有潜在的前景。建设交通基础设施曾不止一次地成为摆脱危机的良好手段。能源也是一个天然的合作领域，上海合作组织中既有能源供应大国，也不乏能源消费大国。

但重要的问题不在于拥有潜力，而在于如何正确地发挥这些潜力。在这方面，上海合作组织还存在不少问题。其中的一些问题带有客观性，它们很难在可预见的未来得到解决。比如，上海合作组织成员国在发展水平和经济优先任务方面存在巨大差异，这对各国协调行动和理顺合作产生了消极影响。一方面，中国多年来展示出创纪录的经济发展速度；另一方面，塔吉克斯坦和吉尔吉斯斯坦还属于世界上最贫穷的国家，面前的发展道路并不平坦。另一个问题在于，俄罗斯、哈萨克斯坦和乌兹别克斯坦严重依赖能源出口，它们客观上希望世界石油和天然气价格上涨。而中国、塔吉克斯坦和吉尔吉斯斯坦则恰恰相反，它们缺乏足够多的能源供应来源，世界能源价格的降低更符合它们的利益。上海合作组织内部还存在不少直接冲突的经济利益。它们使得各国在制定上海合作组织工作重点时出现分歧，并在实施一些联合项目的合理性和特殊性问题上各持己见。①

---

① Игорь Бунин，ШОС – пространство экономического взаимодействия и противодействия глобальному кризису，5 июня 2009 года，http：//politcom. ru/8285. html.

（五）“一带一路”倡议提出后俄罗斯对上海合作组织的新定位

经过近十年的相互适应，俄罗斯对上海合作组织的认知基本成型。上海合作组织对于俄罗斯实现国家利益的重要意义。其一，上海合作组织是俄罗斯多极化国际战略的重要支点。其二，上海合作组织在确保俄罗斯南部边界安全方面可以发挥一定作用。其三，打击毒品犯罪。俄罗斯对上海合作组织的政策是：一是更关注上海合作组织的外部影响，兼顾上海合作组织内部建设。二是重点突出安全合作，经济合作则是有所选择，以不损害俄罗斯在中亚的利益并从属于欧亚一体化的整体要求；三是坚决主张上海合作组织扩员，意图使上海合作组织结构发生重大变化，服务于俄罗斯的外交战略需要。

2013 年中国提出“一带一路”倡议，同时俄罗斯也在乌克兰危机后对国际观进行了调整。国内外形势的变化再一次促使俄罗斯对上海合作组织进行重新定位。欧亚经济伙伴关系成为当前中俄关系的新议程，这一议程将对上海合作组织的发展产生重要影响。2017 年以来，俄罗斯国内围绕上海合作组织遵循均势原则，将上海合作组织建设成落实大欧亚共同体项目核心机构的提法越发明确。

实际上这一想法与前述上海合作组织的官方定位并不相符。上海合作组织更多的是一种交流的平台，相关各方就地区安全、经济合作和人文交流等问题进行沟通与协作。如果像俄罗斯所提出的要以上海合作组织为基础重新构建面向整个欧亚大陆的新规则与新制度，这个定位并不适合中国。

2018 年青岛峰会的主旋律是弘扬“上海精神”。扩员后的上海合作组织重温了互信、互利、平等、协商、尊重多样文明、谋求共同发展的“上海精神”。不仅如此，习近平主席全面论述了“上海精神”的内涵实质，开启了上海合作组织发展壮大的新征程。第一，提倡创新、协调、绿色、开放、共享的发展观，实现各国经济社会协同进步，解决发展不平衡带来的问题，缩小发展差距，促进共同繁荣。第二，践行共同、综合、合作、可持续的安全观，摒弃冷战思维、集团对抗，反对以牺牲别国安全换取自身绝对安全的做法，实现普遍安全。第三，秉持开放、融通、互利、共赢的合作观，拒绝自私自利、短视封闭的狭隘政策，维护世界贸易组织规则，支持多边贸易体制，构建开放型世界经济。第四，树立平等、互鉴、对话、包容的文明观，以文明交流超越文明隔阂，以文明互鉴超越文明冲突，以文明共存超越文明优越。第五，坚持共商共建共享的全球治理观，不断改革完善全球治理体系，推动各国携手建设人类命运共同体。

俄罗斯认为，上海合作组织青岛峰会和 2018 年的 G7 峰会展现了两条不同的发展道路，这是两种全球主义模式之间的竞争。在类似欧亚经济联盟和中国“一带一路”倡议的框架内，相关平台将会因更多国家的参与变得愈加壮大。这恰好也是该模式与西方模式之间的原则性区别所在。西方领导人正在打造某种意义上的封闭式俱乐部，上海合作组织成员国之间的合作并不针对其他国家。[①] 普京总统在评价青岛峰会时也强调：“上海合作组织所在地区的经济增长较之世界平均速度要高得多，其前景势必非常光明，所有国家都会对此感兴趣……由于我们今日已明确了对自由贸易、打击贸易保护主义原则的拥护，这对于整个国际贸易、整个全球经济来说都具有非常重要的意义。”[②]

三 俄罗斯对外战略中的上海合作组织：战略定位

根据 2016 年俄罗斯对外政策构想中的规定，俄罗斯对于上海合作组织总的政策是进一步巩固上海合作组织在地区和全球事务中的作用并扩大其组成，拓展上海合作组织的政治和经济潜力，在其框架下采取能够在中亚加强互信和伙伴关系的切实措施，并同上海合作组织成员国、观察员国和对话伙伴发展相互协作。[③] 俄罗斯根据对外形势新的变化，按照上述总的指导原则，积极推动上海合作组织发挥更大的作用。

（一）全球层面：俄罗斯与外部世界的变化对上海合作组织的影响

上海合作组织在俄罗斯全球层面外交战略中的地位可以概括为：对与西方关系的消极认知导致俄罗斯继续向东看，并积极加强上海合作组织的战略作用，为俄罗斯国家利益服务。

---

① Анна Седова, Тяньцзиньские деликатесы на фоне драчливой G7-Визит Путина в КНР: в Квебеке и Пекине миру предложены противоположные пути развития, 9 июня 2018, https://svpressa.ru/politic/article/202336/.

② Путин оценил итоги визита в Китай, 10 июня 2019 года, https://tass.ru/vef-2018/articles/5280999.

③ Концепция внешней политики Российской Федерации (утверждена Президентом Российской Федерации В. В. Путиным 30 ноября 2016, http://www.mid.ru/foreign_policy/news/-/asset_publisher/cKNonkJE02Bw/content/id/2542248.

2019 年 4 月，作为成立最早、最具权威性的俄罗斯外交问题分析中心——俄罗斯外交和国防政策委员会第 27 次会议举行。这次会议的主题是“世界革命还是战争”。外交和国防政策委员会主席卢基扬诺夫认为，俄罗斯外交及俄罗斯精英的国际观主要围绕两个问题展开，一是苏联解体及影响，二是西方中心主义。第二个问题由第一个问题引起。西方中心主义数百年来一直是俄罗斯外交的主要优先方向，已经成为俄罗斯的世界观。但是当今世界已发生巨变，西方中心主义不再符合国际形势发展的实际。俄罗斯必须停止过于关注西方，应当将重点转向东方。俄罗斯的亚洲政策已有所改变，但还不够。无论喜欢与否，未来几十年亚洲将是世界的重要部分。①

2019 年 6 月 20 日，普京在“直播连线”表示，即便俄罗斯做出让步并同意满足西方的所有要求，西方对俄罗斯的态度也不会发生根本变化：“如果我们全面投降并无视我们国家的根本利益，会不会有什么变化？也许会有一些外部信号，但不会发生任何根本变化。”② 普京政府在俄罗斯与西方根本关系上的认知自乌克兰危机以来一以贯之，非常明确。

可见，俄罗斯对于与西方关系的认识更为系统和明晰。俄罗斯对北约的态度尤其体现了俄罗斯在全球层面对外战略的调整意愿。

2019 年是北约成立 70 周年。俄罗斯对于北约的认知也日益明确。俄罗斯认为，北约是美国实行对外霸权的工具，北约问题是俄罗斯与西方关系中的主要绊脚石，在这个障碍尚未得到解决的情况下，任何关系的缓和都是不可能的。北约的任何东扩举动在俄罗斯都会被自动认为是在俄罗斯边境附近部署美国军队，遏制和威慑俄罗斯就是北约东扩的目的。俄罗斯精英逐渐形成一个观念，即俄罗斯的大西洋主义是 20 世纪 90 年代安全问题日趋严重的主要原因。俄罗斯反对北约东扩是早在普京上任之前就已形成的外交政策共识。在俄罗斯精英眼里，自第一次车臣危机开始，美国就已经被视为是俄罗斯国家地位的一个潜在威胁。因此，早在当前俄美关系危机之前，北约就被大多数俄罗斯人视为一个反俄军事联盟。

---

① Максим Макарычев：Федор Лукьянов：Уже непонятно，куда движется мир，https：//rg. ru/2019/04/13/fedor-lukianov-uzhe-neponiatno-kuda-dvizhetsia-mir. html.

② Прямая линия с Владимиром Путиным-В эфире телеканалов《Первый》,《Россия 1》,《Россия 24》, НТВ, ОТР,《Мир》, радиостанций《Маяк》,《Вести FM》и《Радио России》вышла ежегодная специальная программа《Прямая линия с Владимиром Путиным》, 20 июня 2019 года, http：//www. kremlin. ru/events/president/news/60795.

俄罗斯人认为北约唯一的任务是保持与俄罗斯对抗的状态，而且大多数人认同“没有俄罗斯就没有北约”的观点。① 不仅如此，俄罗斯还将北约东扩的问题与美国主导的国际秩序联系在一起，认为俄罗斯与西方实现关系正常化只有满足一个条件，即美国要在其主导的全球秩序中给予俄罗斯一个能满足关键安全利益需求的位置，但是北约东扩让这个条件不可能实现。因此，在可预见的未来，并不存在可让俄罗斯融入西方社会的现实可行的模式，俄罗斯与西方之间持续不断的危机在未来很长一段时间都不会减退。②

俄罗斯在全球层面对外战略上的上述主要认识直接导致俄罗斯在处理与西方关系时，依然是战略上坚持底线，战术上灵活多变，针对不同的情况或者“以牙还牙”，或者柔性拉拢。坚决对抗的典型事件是《中导条约》问题。2019 年俄美之间的热点问题即为围绕《中导条约》引发的战略稳定角逐。普京对此明确表示：俄罗斯研制在世界上无与伦比的最新武器，可以说就是由美国在 2001 年单方面退出《反导条约》引发和挑起的。③ 柔性拉拢体现在谨慎处理与欧盟的关系上。2019 年 8 月，法国总统马克龙警告核军备竞赛将拖累欧洲，并首次公开呼吁将俄罗斯纳入新的欧洲安全架构。2019 年 12 月北约峰会前夕，马克龙的“北约脑死亡”论再次表明欧美关系的分歧。欧洲在安全领域上应当掌握自身命运正逐步成为欧洲共识，而欧洲安全问题的解决显然离不开与俄罗斯的协商。可见，无论是中导问题，还是欧洲安全架构问题，2019 年俄罗斯在国际安全问题上持续发声。这在处理与上海合作组织有关的问题上亦表现明显。

2019 年上海合作组织比什凯克峰会的主要议题集中在打击恐怖主义和极端主义的问题上，普京讲话的重点也是关注恐怖主义问题。普京强调必须切断恐怖分子的资金来源，尽一切努力防止化学武器、生物武器和其他大规模杀伤性武器落入恐怖分子手中，主张开展密切合作，制止在互联网上传播恐怖主义和极端主

---

① Ruslan Pukhov, NATO is the obstacle to improving Russian-Western relations, March 28, 2019, https://www.defensenews.com/opinion/commentary/2019/03/28/nato-is-the-obstacle-to-improving-russian-western-relations/.

② Ruslan Pukhov, NATO's growing membership, demonization of Putin drive anti-Western policies, March 28, 2019, https://www.defensenews.com/opinion/commentary/2019/03/28/natos-growing-membership-demonization-of-putin-drive-anti-western-policies/.

③ Совещание с постоянными членами Совета Безопасности-Владимир Путин провёл оперативное совещание с постоянными членами Совета Безопасности, 23 августа 2019 года, http://www.kremlin.ru/events/president/news/61359.

义思想以及将信息—通信技术用于犯罪目的的行为。① 会议通过的《比什凯克宣言》强调必须打击恐怖主义、分裂主义和极端主义，打击走私毒品、武器、弹药，打击非法移民。各方将继续开展军备控制与和平利用核能方面的合作，并且还商定采取联合行动打击恐怖主义和极端主义思想在互联网上的传播。

2019 年 4 月 26 日，普京在第二届“一带一路”国际合作高峰论坛上表示：解决全球经济增长放缓、国家发展水平差距拉大、技术落后等挑战是确保国际安全的关键。上述消极发展趋势是当前全球恐怖主义、极端主义、非法移民等问题的症结所在，是导致旧有地区冲突复燃、新冲突爆发的原因。欧亚大陆能够制定充实、积极议事日程，解决类似的国际问题。②

俄罗斯不仅对于上海合作组织在国际安全领域发挥作用给予厚望，也对上海合作组织配合俄罗斯在国际热点问题上的出击积极制造舆论影响。在 2019 年元首峰会上，俄罗斯为此积极讨论国际热点问题，力求争取符合最大国家利益的“上海合作组织声音”：一是支持伊朗。在峰会前一天，两艘油轮在阿曼湾遇袭。美国宣称伊朗制造了这起事件。伊朗驳斥了上述指控，进而指责美国违反国际法和国际协议，利用一切机会激化局势。对此，俄罗斯表示支持，普京认为伊朗在打击恐怖主义方面发挥了重要作用。二是主张和平解决阿富汗问题。上海合作组织强调通过和平的外交手段解决冲突。只有通过对话才能调解阿富汗局势。俄罗斯支持上海合作组织在安全、经济和人道主义合作领域加强与阿富汗协作。三是支持进行关于国际安全机制的对话。上海合作组织观察员国、白俄罗斯总统卢卡申科认为国际安全机制正在坍塌，世界在滑向大规模的军备竞赛。

2019 年上海合作组织元首峰会通过的《比什凯克宣言》也为构建当代国际安全体系确定了新目标。宣言特别就建立什么样的国际安全体系提出了将对国际局势产生重大影响的主张：其一，主张通过多边机制，应对新挑战新威胁，反对单边行动。宣言强调，只有国际社会共同努力，才能有效应对当代安全挑战和威胁，单边行动无助于解决存在的问题，只有在联合国主导下才能建立有效的全球

---

① Анархия и агрессивный Трамп：что беспокоило лидеров ШОС на саммите，14 Июня 2019，https：//ia-centr. ru/publications/anarkhiya-i-agressivnyy-tramp-chto-bespokoilo-liderov-shos-na-sammite/.

② Международный форум《Один пояс，один путь》-Владимир Путин принял участие во втором Международном форуме《Один пояс，один путь》，26 апреля 2019，http：//www. kremlin. ru/events/president/news/60378.

安全体系。其二，应摒弃双重标准，建立符合国际法准则的安全机制。宣言强调建立的安全机制应平衡反映所有国际关系主体的利益；保障每个国家根据本国历史经验和国情自主选择发展道路，维护国家统一和民族尊严，以及平等参与国际事务的权利；应通过政治外交手段解决国际和地区冲突与危机；维护文明与文化的多样性，鼓励不同文明与宗教加强对话。其三，中亚的安全与稳定首先应依靠本地区各国的力量，在已有的地区国际组织的基础上予以保障。①

（二）地区层面：俄罗斯的亚太外交与美国的印太战略

上海合作组织在俄罗斯亚太外交战略，尤其是处理与印巴关系时的地位可以概括为进一步巩固上海合作组织在亚太地区事务中的作用，拓展上海合作组织的政治潜力。

俄罗斯把巩固在亚太地区的地位和加强与亚太国家的关系视为重要的外交战略方向，认为这是由俄罗斯从属于这一发展最为迅猛的地缘政治地区所决定的。俄罗斯希望积极参与亚太地区的一体化进程，利用其机遇来实施西伯利亚和远东地区的社会经济发展计划，根据集体原则在亚太地区建立全面、开放、透明和平等的安全与合作架构。②

俄罗斯认为，美国的印太战略类似“小北约”的构架。众所周知，美国总统特朗普在2017 年 11 月的亚洲之行期间积极宣传建立“自由开放的印度太平洋地区”的构想。2017 年 11 月 12 日，在亚太经合组织领导人会议框架内举行了美国、日本、澳大利亚和印度领导人的首次四方会谈，该对话形式成为美国印太战略的外交和军事政治表现形式。随后“印度太平洋地区”的概念出现在美国的官方文件《国家安全战略》和《美国国防战略》中。2018 年 5 月 30 日，时任美国国防部长马蒂斯宣布美国太平洋司令部更名为印度太平洋司令部。实际上，特朗普在亚太地区的军事政治战略与奥巴马时期相比实质并没有改变，仍是要维持并加强美国的军事存在，但实现战略的方法有了重要变化。奥巴马时期的亚太地区力量再平衡战略聚焦中国周边地区国家，如日本、韩国、菲律宾、越南等，

---

① 《比什凯克峰会：弘扬“上海精神”的又一座丰碑》，上海合作组织区域经济合作网，http：//www. sco-ec. gov. cn/article/columnreview/shanghezuzhichengyuan/newsreport/201710/67753. html。

② Концепция внешней политики Российской Федерации（утверждена Президентом Российской Федерации В. В. Путиным），30 ноября 2016，http：//www. mid. ru/foreign_ policy/news/-/asset_ publisher/cKNonkJE02Bw/content/id/2542248.

而当前特朗普的印太战略明确是军事政治的“四眼联盟”美日澳印。俄罗斯认为印太战略的主要目的是构建遏华体系。①

基于上述对印太战略的认识，俄罗斯认为，上海合作组织的任务应该包括抵御外部力量在该地区的存在，最大限度地削弱美国对中亚和南亚国家的影响力，并确保上海合作组织国家能自己解决该地区存在的问题。② 2019 年 2 月发生的印巴边界冲突事件进一步强化了俄罗斯的上述理念。印度总理莫迪和巴基斯坦总理伊姆兰·汗在 2019 年 6 月的上海合作组织元首峰会上没有举行会晤。③ 在俄罗斯看来，上海合作组织内部俄中巴印四角的关系将决定上海合作组织能否成为解决类似印巴危机的真正机制。中俄两国无法直接解决印巴之间的争端，但可以在上海合作组织框架内创造信任氛围，让印巴改善关系。④ 俄罗斯认为，上海合作组织之所以可以帮助印巴建立信任机制，是因为按照《上海合作组织成员国长期睦邻友好合作条约》，上海合作组织成员国之间不应有冲突。因此，巴基斯坦和印度在加入上海合作组织时已经有义务遵守组织原则，不用武力解决争端。这是让它们同时加入上海合作组织的意义。⑤ 而且，从印巴冲突来看，俄罗斯认为，印巴冲突降级的一大原因是不存在外部利益。冲突降级的最重要因素是，冲突参与者是自主决策的主权国家。2015 年的俄土事件和 2019 年的印巴事件都是如此。没有任何外部势力干涉，不存在外部利益。当出现代理人战争时，控制冲突就是一件非常复杂的事情。印巴冲突事件表明，主权原则极为重要，只要冲突双方可以自主决定并在对抗区域内建立了相当有效的相互遏制体系，就可以消除冲突。⑥

俄罗斯在应对印巴冲突问题上除了力陈上海合作组织的重要意义外，也不失

---

① Александр Викторович Шитов, Вашингтон готовится победить Пекин на просторах двух океанов-Индо-Тихоокеанская стратегия США и связанные с ней угрозы для безопасности КНР, 31 января 2019, http: //nvo. ng. ru/concepts/2019 -01 -31/1_ 1032_ strategy. html.

② Петр Акопов, Конфликт Индии и Пакистана может быть выгоден России, 28 февраля 2019, https: //vz. ru/politics/2019/2/28/966303. html.

③ Анархия и агрессивный Трамп: что беспокоило лидеров ШОС на саммите, 14 Июня 2019, https: //ia-centr. ru/publications/anarkhiya-i-agressivnyy-tramp-chto-bespokoilo-liderov-shos-na-sammite/.

④ Петр Акопов, Конфликт Индии и Пакистана может быть выгоден России, 28 февраля 2019, https: //vz. ru/politics/2019/2/28/966303. html.

⑤ Петр Акопов, Конфликт Индии и Пакистана может быть выгоден России, 28 февраля 2019, https: //vz. ru/politics/2019/2/28/966303. html.

⑥ Федор Лукьянов, Оптимизм среди уныния, 7 марта 2019, http: //svop. ru/main/28756/.

时机地加深俄印关系。俄罗斯主张在外交重点一致、历史友谊和深刻互信的基础上进一步深化与印度的互惠战略伙伴关系，在迫切的国际问题上加强合作及巩固各领域互利的双边关系。① 俄罗斯提出，俄罗斯和印度作为两个独立自主的大国，应确保不断发展的经济合作不受负面影响。两国合作不仅涉及核能，还涉及液化天然气、煤炭、石油以及印度对俄罗斯远东地区更大规模的投资。俄罗斯认为，俄罗斯与印度的关系是一种特殊的战略伙伴关系。两国有相同的信念，在国际问题上有广泛共识，贸易和投资正不断增长。两国还共享独有的军事技术和其他技术，互利的俄印合作将使多极世界更强大。②

在加深俄印关系的同时，俄罗斯也对中印在国际政治中的重要地位和影响给予高度认可。早在 2016 年对外政策构想中，俄罗斯就提出必须进一步发展俄罗斯—印度—中国框架下有效和互利的外交与经济合作。③ 2019 年中俄印在二十国集团、金砖国家、上海合作组织等多边外交活动中都举行了三边高层会晤。俄罗斯国际事务理事会主任安德烈·科尔图诺夫认为，中印是 21 世纪欧亚的心脏地带。中印崛起是国际关系体系结束西方阶段最重要的表现。欧亚的命运首先将取决于新心脏地带，即中国和印度之间的关系，而整个世界的未来很大程度上将取决于欧亚的命运。④

（三）双边层面：中俄关系与“一带一路”建设

处理好俄罗斯欧亚地区一体化的外交努力与中国“一带一路”建设之间的关系一直是两国绕不开的问题。2019 年俄罗斯对外战略中最为引人瞩目的一点恰恰是积极深化了欧亚地区一体化进程：一是俄白联盟建设问题稳步推进。对俄

① Концепция внешней политики Российской Федерации (утверждена Президентом Российской Федерации В. В. Путиным), 30 ноября 2016, http: //www. mid. ru/foreign_ policy/news/-/asset_ publisher/cKNonkJE02Bw/content/id/2542248.

② Посол России в Индии: Индия и Россия укрепляют многополярный мир, 31 января 2019, https: //news. rambler. ru/other/41651604-posol-rossii-v-indii-indiya-i-rossiya-ukreplyayut-mnogopolyarnyy-mir-the-hindu-indiya/.

③ Концепция внешней политики Российской Федерации (утверждена Президентом Российской Федерации В. В. Путиным), 30 ноября 2016, http: //www. mid. ru/foreign_ policy/news/-/asset_ publisher/cKNonkJE02Bw/content/id/2542248.

④ Андрей Кортунов, Воссоединение Хартленда: геополитическая химера или исторический шанс? 6 февраля 2019, https: //russiancouncil. ru/analytics-and-comments/analytics/vossoedinenie-khartlenda-geopoliticheskaya-khimera-ili-istoricheskiy-shans/.

罗斯而言，最迫切的是提高内在实力和在后苏联空间实现再一体化。俄罗斯活跃在国际舞台上为完成这两个任务创造了最好条件。[①] 俄罗斯对于俄白联盟建设的举措是其在欧亚地区加深一体化努力的缩影。二是加快欧亚经济联盟建设。2019年俄罗斯在欧亚经济联盟发展的问题上开展“域外求生”，欧亚经济联盟与塞尔维亚、新加坡签署了自贸区协议，积极拓展对外经济合作空间，以盟外经济合作空间的拓展带动俄罗斯自身经济的发展。三是加深独联体经济合作。2019 年 10 月 11 日，独联体国家元首峰会举行。独联体成员国之间就战略经济合作达成一致意见，这对俄罗斯的欧亚一体化战略非常有利。普京对此表示，建立独联体统一金融市场有助于提升独联体各国竞争力。当今世界面临贸易战和各类限制，独联体国家应注意规避外汇风险，为此有必要加强外汇领域合作，协调外汇政策，择机建立独联体统一金融市场。[②] 总之，俄罗斯对欧亚地区一体化政策的主要特点在于积极面对当前一体化的挑战，通过协商与妥协，在确保俄罗斯利益最大化的同时，引导各方继续深入开展一体化。

2019 年是中俄建交 70 周年。习近平主席 6 月访俄宣告中俄战略协作伙伴关系进入新时代，正是对这一逻辑框架的新阐发，在复杂变化的国际形势下赋予两国关系以更为宏阔的新定位、新内涵，也必将开创双方睦邻友好合作的新局面。其中，与上海合作问题紧密相连的问题是，双方以政府联合声明的形式宣布，新时代的中俄关系需要双方有所妥协和相互让步，在区域一体化过程中彼此独立而又同时发展。俄罗斯学者认为，俄中两国在中亚地区并不存在政治层面的分歧。两国目标一致，均支持地区稳定和经济发展。从经济层面而言，不能说中国是在排挤俄罗斯。它没有蚕食俄罗斯的空间，只是在该地区扩大自身存在而已，就像是它在全球其他地方一样。[③]

《中俄关于发展新时代全面战略协作伙伴关系的联合声明》指出，“新时代的中俄关系需要深度融通，就国家发展战略对接进行密切协调和战略协作，拓展

---

① Петр Акопов, Европа начала подбирать место России на мировой арене, 9 ноября 2019, https: //vz. ru/politics/2019/11/9/1007470. html.

② 《普京提议建立独联体统一金融市场》，中华人民共和国商务部网，2019 年 10 月 12 日，http: //k2. mofcom. gov. cn/article/i/jyjl/e/201910/20191002903713. shtml。

③ Владимир Скосырев, ШОС не смог стать альтернативой НАТО в Евразии-Россия и Китай остаются гарантами безопасности для бывших советских республик, 13 июня 2019, http: //www. ng. ru/world/2019 – 06 – 13/6_ 7597_ shos. html.

经贸和投资互利合作”。这一新内涵与当前中俄关系的核心双边议程，即欧亚经济伙伴关系有关。《联合声明》第三部分明确指出：俄方支持“一带一路”倡议，中方支持在欧亚经济联盟框架内推动一体化进程，双方将在推进“一带一路”建设与欧亚经济联盟对接方面加强协调行动。中方支持建设大欧亚伙伴关系倡议。双方认为，“一带一路”倡议同大欧亚伙伴关系可以并行不悖，协调发展，共同促进区域组织、双多边一体化进程，造福欧亚大陆人民。

《联合声明》第四部分谈到务实合作时再次强调：积极推进“一带一路”建设与欧亚经济联盟对接。推动在中华人民共和国政府同欧亚经济委员会间建立有效对话机制。切实推动符合中国、欧亚经济联盟及其成员国利益的优先项目。确保 2018 年 5 月 17 日签署的《中华人民共和国与欧亚经济联盟经贸合作协定》早日生效并启动实施。双方主张启动中俄《欧亚经济伙伴关系协定》谈判。

这是以政府间公报的形式确认新时代中俄关系在欧亚一体化构建过程中所要遵循的基本原则与基本理念。俄方对于中国的欧亚地区一体化政策一度持怀疑态度，而中国建设“一带一路”着眼的是整个欧亚大陆的经济合作，如果没有俄罗斯的参与和支持，前景将大打折扣。从此意义上讲，充分利用两国战略协作的沟通机制，消除政治疑虑，才能真正实现利益共同体的目标。①

在此之前，2019 年 4 月 26 日，普京在参加第二届“一带一路”国际合作高峰论坛时明确表示：“一带一路”倡议与欧亚经济联盟的计划完全契合。普京认为，中国倡导的“一带一路”大型项目的落实，旨在强化欧亚大陆国家间的创造性合作。这一目标的确能够将欧亚地区各国团结起来，确保整个欧亚国家经济发展和谐稳定、实现经济增长。俄罗斯不止一次强调，中国有关“一带一路”的倡议与俄罗斯打造大欧亚伙伴关系的理念相互呼应。也就是说，欧亚大陆上的各类双边及多边一体化进程处于紧密对接当中。俄罗斯希望以尊重每个国家主权、权利、合法利益的不可撼动原则为基础，与所有欧亚伙伴发展最密切的合作。中国的倡议可以与俄罗斯的类似方案、组织机制相对接，完全契合。欧亚经济联盟与上海合作组织之间的合作相当积极。大欧亚伙伴关系与“一带一路”源头一致，两大构想中所体现出的包容并蓄的思路，能够加深欧亚大陆上的经济合作，发展共同的交通运输和能源基础设施，刺激数字技术的深入推广。一体化

① 庞大鹏：《新时代的中俄关系：新背景与新内涵》，《世界知识》2019 年第 14 期。

将全面服务于欧亚大陆的所有国家。①

俄罗斯国际事务理事会主席、前外交部长伊万诺夫认为，中美贸易战见证了现有国际秩序体系不断加剧的瓦解进程。这个过程越来越快，并直接影响到国家间关系的几乎各个领域。在这种情况下，主要国家越来越努力地独立或共同推动各种一体化机制，以期在维护其直接利益的同时，打造参与构建未来国际秩序体系的平台。同样明显的是，大国之间不断加深的分歧几乎排除了就重建旧国际秩序达成共同协议的可能。中国的“一带一路”倡议旨在落实构建人类命运共同体的设想。俄罗斯应考虑自身的实际能力，明确在该计划框架内的长期优先任务和利益，与中国和其他参与者一起协调行动。这些合作形式包括“一带一路”、上海合作组织、欧亚经济联盟，以及俄中印三边关系等。②

总之，普京再次连任总统后，俄罗斯对外关系的主要目标是深化欧亚地区一体化进程，同时管控与西方矛盾并坚持斗争与合作并举。由于对与西方关系的认识较为消极，俄罗斯向东看的态势更加明显。为此俄罗斯着眼于国家利益，采取了一系列积极外交的举措。上海合作组织在俄罗斯对外战略中的地位有所增强。中俄关系继续向好，稳中有进，中俄战略协作伙伴关系进入新时代。在上述俄罗斯外交战略的总体态势下，俄罗斯对上海合作组织的政策理念更加明确。

四　结语

研究俄罗斯与上海合作组织的关系，也需要从中国发展的全局以及中国外交的总体要求着眼，只有这样，才能更好地观察上海合作组织的发展，才能更好地理解俄罗斯对上海合作组织的认知。

上海合作组织是新时代中国特色大国外交的重要组成部分。随着 2010 年中国成为世界第二大经济体，中国全球性大国的属性也逐渐显现。如果说过去中国在外交上遇到的问题和麻烦主要是外部世界的变化引起的，那么现在遇到的问题和麻烦在一定的意义上是中国的迅速崛起带来的。对于这种快速发展，世界和中

---

① Международный форум《Один пояс, один путь》-Владимир Путин принял участие во втором Международном форуме《Один пояс, один путь》, 26 апреля 2019, http: //www. kremlin. ru/events/president/news/60378.

② Игорь Сергеевич Иванов, России предстоит четко определить свои приоритеты в рамках проекта КНР, http: //www. ng. ru/kartblansh/2019 – 07 – 04/3_ 7615_ kart. html.

国都没有做好心理和政策上的准备。可以说，时代的发展要求中国回答一个问题：中国如何全面均衡地处理与外部世界的关系？研究中国崛起对世界的影响成为观察国际形势必不可少的视角。只有这样，才能得出比较全面的认识和正确的结论。党的十八大以来，中国领导人在观察国际形势时，就特别注意把“中国自己”摆进去。在中国特色大国外交思想的指引下，上海合作组织不仅在安全、经济、人文等合作领域取得巨大成绩，在机制建设方面也迈出了历史性步伐。

“上海精神”追求的是互利共赢的理念。正因为如此，上海合作组织成为“一带一路”与欧亚经济联盟对接的平台。上海合作组织发展的新征程与新形势下欧亚大陆迎来最大的合作机遇的历史时期相互交汇。国际和地区形势正在经历深刻复杂的变化，欧亚各国迎来了共同利益最多、合作机遇最大的历史时期。青岛峰会展现的“上海精神”，给地区发展振兴带来了前所未有的机遇。包括俄罗斯在内的欧亚国家正以更加坚定的决心、更加务实的举措，推动区域合作向更大范围、更宽领域、更高水平拓展，带动整个欧亚大陆发展、合作、繁荣。上海合作组织将以更加开放的胸襟、更加包容的心态、更加宽广的视角，为推动人类进步做出应有贡献。

论近年来各国对外资明显收紧的国家安全审查制度*

苗中泉**

【内容提要】 对外资的国家安全审查制度实际上是一种“政治考量”压倒纯粹经济利益的机制设定，体现的是政治集团对外资，进而是对国际贸易、国际政治经济秩序的底线态度。近年来美国、英国、德国、澳大利亚、加拿大以及欧盟等主要发达经济体先后通过修改法律的方式收紧对外资的国家安全审查制度，其变化呈现出时间节点集中，审查领域向高端制造业、高技术服务业等新兴战略领域蔓延，以及更加注重审查有敏感背景尤其是有政府背景的外来投资等特征。中国的跨国投资已经成为各国强化安全审查的重点。这些变化与在世界各国不断涌现出来的强人政治、民粹主义、大国竞争等交织在一起，表明在当前国际政治经济局势中，自冷战结束之后大行其道的自由主义神话正在破灭。正在走向复兴的当代中国须在复杂能动的现实主义世界中坚守“底线”，一方面坚决阻止和回击对中国核心利益的重大伤害；另一方面应保持战略耐性，审慎进取，稳妥应对并非乐

* 本文得到2018年度国家社科基金青年项目“修昔底德陷阱问题研究”（批准号18CGJ007）资助。感谢《世界政治研究》匿名审稿专家的宝贵意见，笔者文责自负。

** 苗中泉，法学博士，国网能源研究院研究员。

观的国际态势，争取利益最大化。

【关键词】 对外直接投资 国家安全审查 自由主义神话 战略审慎

一 引言

对外资的国家安全审查（National Security Review）① 是指接受外来直接投资② 的国家组织有关机构就该投资行为对本国国家安全的潜在影响进行审查，并根据审查结果同意、延迟或否决该交易的行为。作为一项行政手段和制度安排，国内外对其进行的专门学术研究成果众多，但主要集中在审查与吸引外资之间的关系、③ 主

① 不同的国家对这一概念的表述不同，美国称为“国家安全审查”（National Security Review）；澳大利亚和加拿大则在类似的官方文件中表述为“外国投资审查”（National Investment Review），并进一步阐释为“国家利益审查”（National Interest Review）“国家净收益审查”（National Net Benefit Review）；欧盟则笼统地称为“外来直接投资审查”（Screening of Foreign Direct Investment）。参见赵海乐：《国家安全还是国家利益——美澳外资审查比较研究对我国的启示》，《国际经贸探索》2018 年第 6 期，第 109 页；European Commission, “Proposal for a Regulation of the European Parliament and of the Council: Establishing a Framework for Screening of Foreign Direct Investments into the European Commission Union,” Brussel, September 13, 2017, COM (2017) 487 final, p. 20; Lawson A. W. Hunter and Susan M. Hutton, “Foreign Investment Review in Canada: Be Careful What You Wish For,” in *Business Law Today*, May 2011, pp. 1 - 2；为行文方便，本文统一使用“国家安全审查”这一术语。

② 在我国的统计中，对外直接投资大体上分为非金融类直接投资和金融类投资两大类，其中非金融类投资指的是境内投资者向境外非金融类企业的投资，包括海外并购、绿地投资、工程承包等；金融类投资指的是境内投资者直接向境外金融企业的投资，包括货币金融服务业（即银行业）、保险业、资本市场服务（证券业）和其他金融类四个项目。目前，我国对外直接投资统计公报是从 2003 年开始由商务部进行统计的。根据商务部修订出台《境外投资管理办法》，对外投资实行“备案为主、核准为辅”的管理模式，国内企业在境外投资开办除金融企业之外的企业事项，涉及敏感国家和地区、敏感行业的，由商务部核准；其他情形的，中央管理企业报商务部备案，地方企业报省级政府备案。金融企业的监管主体并不是商务部，而是金融监管部门（人民银行、银监局、外汇局）。从规模上看，我国对外直接投资中，非金融类要远远大于金融类。本文中提及的对外投资，主要指非金融类对外直接投资。

③ Steven Globerman and Daniel M. Shapiro, “The Impact of Government Polices on Foreign Direct Investment: The Canadian Experience,” *Journal of International Business Studies*, vol. 30, no. 3, 1999, pp. 513 - 532; Robert M. Kimmitt, “Open Economies: Toward Security and Prosperity,” *Harvard International Review*, vol. 29, no. 3, 2007, pp. 74 - 77; James Mendenhall, Stewart Baker, Nova Daly, Chritine Bliss, Scott Morris and Linda Menghetti, “Economic Politics and National Security: A CFIUS Case Study,” in *Proceeding of the Annual Meeting-American Society of International Law*, vol. 102, 2008, pp. 245 - 257; Ka Zeng and Richard Sherman, “Foreign Direct Investment and Industry Demands for Trade Protection,” *Review of International Political Economy*, vol. 16, no. 5, 2009, pp. 778 - 802; Avinash Dixit, “International Trade, Foreign Direct Investment, and Security,” *Annual Review of Economics*, vol. 3, 2011, pp. 191 - 213.

要国家审查制度的变化、[①] 各主要国家之间审查制度的异同、[②] 安全审查制度的政治—法律内涵[③]等方面。从国际政治经济学的视角看，这些研究至少还有两项可以进一步补充的地方。

第一，目前的研究多侧重于单独一国的国家安全审查制度或几国国家安全审查制度的比较分析，尚缺乏对全球主要经济体审查形势变化的整体概览，特别是缺乏对其共性特征之透视。对研究某一国或几国的审查制度而言，这种缺失或许并不重要，但若要对当今世界基本政治经济局势有更为准确的理解，就非有总体把握不可。第二，目前的研究较少审视主要国家审查制度之变化在当前和今后一段时期内对世界政治的深远意蕴。对外资的国家安全审查本质上是一项政治行为，其变化深刻反映着一国对外资准入的态度，在深层次上折射出该国对国际资本自由流动的态度，以及该国对国际贸易、国际投资、国际秩序的态度。仅仅聚焦国家安全审查制度的行政程序和法律条文变化，而不去绘就其折射出来的国际政治经济图景，就容易陷入“只见树木、不见森林”的盲区。综合来看，全球主要发达经济体近年来在对外资的国家安全审查制度方面之变化，具有节点紧凑、整体联动、趋于收紧、指向明确的特征，这与世界各国不断复归的强人政治、军事竞争、地缘冲突等结合在一起，与日渐加剧的大国竞争结合在一起，正在彰显一个与以往截然不同的世界——一个对人类而言极其熟悉、但对冷战后的人们而言相对陌生的世界的加速到来。

本文首先概括对外资进行国家安全审查的制度特性在于“政治优先”，是一

① Geoffrey Hale, “The Dog That Hasn't Barked: The Political Economy of Contemporary Debates on Canadian Foreign Investment Policies,” *Canadian Journal of Political Science*, vol. 41, no. 3, 2008, pp. 719 - 747; Lawson A. W. Hunter and Susan M. Hutton, “Foreign Investment Review in Canada: Be Careful What You Wish For,” *Business Law Today*, May 2011, pp. 1 - 5; Turan Subasat and Sotirios Bellos, “Governance and Foreign Direct Investment in Latin America: A Panel Gravity Model Approach,” *Latin American Journal of Economics*, vol. 50, no. 1, 2013, pp. 107 - 131; Greg Golding, “Australia's Experience with Foreign Direct Investment by State Controlled Entities: A Move towards Xenophobia or Greater Openness,” *Seattle University Law Review*, vol. 37, no. 2, 2014, pp. 533 - 580; 张庆麟、刘艳：《澳大利亚外资并购国家安全审查制度的新发展》，《法学评论（双月刊）》2012 年第 4 期，第 62—69 页；屠新泉、周金凯：《美国国家安全审查制度对中国国有企业在美投资的影响及对策分析》，《清华大学学报》（哲学社会科学版）2016 年第 5 期，第 74—83 页。

② 赵海乐：《国家安全还是国家利益——美澳外资审查比较研究对我国的启示》，第 109—120 页；霍建国、庞超然：《国际投资规则的发展与启示》，《国际经贸探索》2017 年第 8 期，第 70—80 页；冯纯纯：《美国外资国家安全审查的新动向及其应对》，《河北法学》2018 年第 9 期，第 146—161 页。

③ 翟东升、夏青：《美国投资保护主义的国际政治经济学分析——以 CFIUS 改革为案例》，《教学与研究》2009 年第 11 期，第 56—62 页；黄河、华琼飞：《美国投资保护主义——以中国对美投资为例》，《复旦国际关系评论》2014 年第 2 期，第 167—187 页；韩龙：《美国对外资并购的国家安全审查制度：中国之借鉴》，《江海学刊》2007 年第 4 期，第 133—138 页。

项充满政治考量的机制设定；继而分别详述 2016 年以来美国、德国、英国、加拿大、澳大利亚、欧盟等全球主要发达经济体在对外资的国家安全审查方面之新变化，概括其明显趋于严苛的共性特征；在此基础上，结合近几年国际投资领域发展规模、发展速度、投资流向、投资主体特征等事实，指出来自中国的投资已经成为最主要的审查对象；最后，将针对外资的国家安全审查纳入更广域的考察范畴，以美国特朗普式对外战略例解当前世界政治的重大变迁，即冷战结束后大行其道的自由主义已经破灭，复杂现实主义正取而代之。在一个更趋紧张和内在复杂能动的世界中，中国需恪守战略底线，审慎从事。

二 对外资国家安全审查制度源起于“政治考量”

对外资进行国家安全审查，多国皆有，其中最受关注的乃是美国等主要发达经济体的实践。[①] 尤其是美国的国家安全审查制度，被认为是其政府“平衡市场开放与国家安全的产物”[②]，突出了在开放经济条件下“安全”的重要性。分析可知，外资国家安全审查制度的设立初衷、制度规定、具体实践，都充满了“政治考量”，可谓政治态度在跨国投资领域的意志体现。

首先，设置对外资的国家安全审查制度，最初就是为了限制和排除“妨害”美国国内安全的外来投资。早在 19 世纪时，美国就曾在国家基础设施建设等方面限制过外来投资；[③] 1950 年通过的《国防生产法》正式授权美国总统可以规制工业生产以满足国防要求，这可视为后来美国在大力倡导自由贸易、坚持推行自由主义经济政策的同时授权总统对外来投资进行具有政治目的安全审查的滥觞。1960 年，中东主要产油国组建石油输出国组织（欧佩克，OPEC），并在苏联支持下通过成立国有石油公司、收回油田开采权等方式，逐步争得国际石油市

① 需要注意的是，美国是较早明确对外资进行国家安全审查的国家，但真正率先通过立法手段实施对外资的国家安全审查的，则是加拿大。1973 年，加拿大通过了《外资审查法案》，做出了关于外资并购、新兴商业领域实施安全审查的初步规定，成为世界上第一个用成文法规制外商投资的国家。参见 Steven Globerman and Daniel M. Shapiro, “The Impact of Government Policies on Foreign Direct Investment: the Canadian Experience,” *Journal of International Business Studies*, vol. 30, no. 3, 1999, pp. 515 – 516。

② 贾英姿、胡振虎、于晓：《美国近十年外资安全审查重点和趋势简析》，《财政科学》2016 年第 9 期，第 80 页。

③ Leroy O. Laney, “The Impact of U. S. Laws on Foreign Direct Investment,” in *The Annals of the American Academy of Political and Social Science*, vol. 516, Foreign Investment in the United States, July 1991, p. 145.

场的主动权，资本实力得到迅速扩张。这些国家的富余资本随即大量涌入美国，并在多个领域进行了大量的战略性投资。1975 年，美国总统福特签署命令，设立由美国财政部主导的联邦政府跨部门外资审查机构“美国外资投资委员会”（CFIUS），对包括来自欧佩克的巨额外资进行监管和分析，审查其在关键性基础设施和重要技术领域对美国国家安全的潜在影响。[①] 这标志着美国对外资进行国家安全审查机制的初步设立，并决定了其根本目的是政治性的而非纯粹经济性的。[②] 1988 年，美国国会通过《埃克森——佛罗里奥法案》，规定凡是有充分证据表明外国投资会危及美国国家安全，总统有权暂停或者中止交易，这为审查外资、保障国家安全提供了基础性法律依据。[③] 此后，围绕着如何有效实施对外资的国家安全审查，美国对相关法案进行了多次修正，逐步形成了比较完善的、多层次的法律法规体系，确立了以 CFIUS 为实施主体、以一系列法案为执法依据的美国外资国家安全审查机制，[④] 并在立法基础、机构设置、审查程序、信息公开等方面发展为全球“标杆”[⑤]。

其次，在审查机制中，美国始终不曾明确“国家安全”的具体所指。尽管目前美国针对外资的国家安全审查机制已经比较严密，有关法条、规制、机构等都相对成熟，但所有的文件中却不曾对“国家安全”的准确意蕴、主要内涵与精确范畴进行明确的界定。1991 年美国国会通过的《埃克森——佛罗里奥法案实施条例》序言中提及，在草拟该法案条款过程中曾经收到过关于准确界定“国家安全”含义，并给出明确范畴指示的请求。例如，当时有学者提出，要在

---

① Vito Tanzi and Isaias Coelho, “Barriers to Foreign Investment in the U. S. and Other Nations,” in *The Annals of the American Academy of Political and Social Science*, vol. 516, Foreign Investment in the United States, July 1991, pp. 156 – 163; Leroy O. Laney, “The Impact of U. S. Laws on Foreign Direct Investment,” in *The Annals of the American Academy of Political and Social Science*, vol. 516, Foreign Investment in the United States, July 1991, pp. 147 – 149.

② 赵海乐：《国家安全还是国家利益——美澳外资审查比较研究对我国的启示》，第 113 页；胡振虎、贾英姿、于晓：《美国外资国家安全审查机制对中国影响及应对策略分析》，《财政研究》2017 年第 5 期，第 92 页；James Mendenhall and others, “Economic Politics and National security: a CFIUS Case Study,” in *Proceedings of the Annual Meeting-American Society of International Law*, vol. 102, April 9 – 12, 2008, p. 239.

③ Ilene Knable Gotts, Leon B. Greenfield and Perry Lange, “Is Your Cross-Border Deal the Next National Security Lightning Rod? Identifying Potential National Security Issues and Navigating the CFIUS Review Process,” *Business Law Today*, vol. 16, no. 6, July/ August 2007, pp. 31 – 32；徐晨、孙元欣：《外资安全国家审查制度国际比较与借鉴》，《上海经济研究》2018 年第 8 期，第 104 页。

④ 参见 CFIUS 官方网站，https://home.treasury.gov/policy-issues/international/the-committee-on-foreign-investment-in-the-united-states-cfius。

⑤ 胡振虎、贾英姿、于晓：《美国外资国家安全审查机制对中国影响及应对策略分析》，第 89 页。

法案中正面列举出对国家安全有实质影响的产品和服务，或者采取排除法，列出不对国家安全产生实质影响的产品和服务；也有建议提出，法案应该根据外资交易规模确定一些明确的审查界限，以便将界限之外的外资交易排除在法案适用范围之外，但均遭到拒绝。CFIUS 认为，这些建议中提及的外资交易规模、交易范围等内容，与美国国家安全之间并无确定的关系，给出明确限定会妨碍审查委员会的审查权限，进而“不适当”地削弱总统保护国家安全的广泛权限。① 因此，美国对外资的国家安全审查，除了那些“明显与国家安全无关”的外资交易外，② 其他的交易均由 CFIUS 根据个案情况进行针对性审查。2007 年美国通过的《2007 年外国投资与国家安全法》对“国家安全”进行了规定，即“应被解释为与国土安全有关的问题，而且应当包括对关键基础设施的影响”，但这种规定依然极其宽泛；并且，尽管列出了 11 项审查时应考虑的因素，但所有的标准均为描述性的表述，定义并不清晰。③ 这种状况一直延续至今。“国家安全”定义及其界限的含糊性，使得美国对外资进行的国家安全审查很容易被特定环境下的政治考量影响甚至左右。

最后，参与对外资的国家安全审查的机构政治色彩浓厚，自由裁量权极大。根据美国法案，CFIUS 是执行美国总统关于禁止或者解除外资对美国敏感领域投资行为的重要机构，其组成成员包括了美国财政部、商务部、国防部、外交部、能源部、国土安全部、劳工部以及总检察长等。当一项外来投资被认为可能对美国国家安全产生影响时，CFIUS 便会启动审查程序，并做出相应的裁定。与美国已有的对特殊行业的外资准入限制和特别区域外资限制法案相比，CFIUS 的审查具有极大的自由裁量权，审查亦不限于交易的某一阶段。换言之，CFIUS 对外资的国家安全审查可以在其所认定的任何时候启动，甚至包括交易已经完成的情形。1990 年中国航空技术进出口总公司收购西雅图一家生产飞机金属部件的公司，被时任美国总统布什行使否决权，就是在双方交易

① Waite, Frederick P., Goldberg, M. Roy, “National Security Review of Foreign Investment in the United States: An Update on Econ-Florio and the Final Regulations Which Implement It,” in *Florida Journal of International Law*, Spring 1991, pp. 62 – 64.

② Clark, Harry L., Sanchitha Jayaram, “Intensified International Trade and Security Politics can Present Challenges for Corporate Transactions,” in *Cornell International Law Journal*, 2005, p. 122.

③ 邵沙平：《美国外资并购国家安全审查制度探析——兼论中国外资并购国家安全审查制度的构建》，《法学家》2008 年第 3 期，第 157—158 页。

基本完成之际。

由此可见，美国通过 CFIUS 对外资的国家安全审查，表面上看来像是就外资对国家安全的影响程度进行的客观研判，实际上充分体现了美国总统和联邦政府对外资进入特定领域的底线态度。由于美国对审查中涉及的关键概念“国家安全”的界定含糊不清，加上参与审查之机构的高政治身份，对外资的国家安全审查实际上很容易成为美国政治高层实施贸易保守主义的一项政策工具。因此，分析其对外资的国家安全审查制度之变化情况，可以在较大程度上窥探出美国政府对外政治经济战略的基本态度。

在美国外资国家安全审查机制不断完善的同时，其他主要国家也相继设立了类似的审查机制，颁布了相关的法律规定。作为战败国，日本在美军占领下制定了一系列关于国内政治经济秩序全面变革的法律制度，其中 1949 年 12 月颁布的《外汇和外国贸易法》第 5 章直接设定了限制外国投资进入的领域，并授权财务省作为主要审查机构、财务大臣作为主要负责人，对外来投资进行安全审查，财务大臣有权根据审查结果变更或者中止交易。该法案明确规定，政府部门在发现外国投资危害国家安全、公共安全以及干扰经济平稳运行时，应当禁止外资进入或者设置进入门槛。1980 年 10 月，日本颁布《关于对内直接投资的法令》，进一步解释和补充了前述规定的内容，日本关于外资国家安全审查的体制机制得以确立。[①] 加拿大于 1973 年通过的《外资审查法案》做出了关于外资并购、新兴商业领域实施安全审查的初步规定，[②] 成为世界上第一个用成文法规制外商投资的国家；1985 年制定了《加拿大投资法》，2009 年 3 月通过了对投资法的修正案，其中规定，无论在加拿大的外资交易是否会带来“净收益”，政府都有权对其进行广泛的审查，以评估该交易对国家安全的潜在影响。澳大利亚于 20 世纪七八十年代，相继在《外资并购法》（1975 年）、《外资兼并与接管规则》（1989 年）等法案中，确立了针对外来直接投资的比较宽松的国家安全审查制度。与美日不同之处在于，澳大利亚的法案中以“国家利益审查”取代了“国家安全审查”。英国政府是自由贸易政策的主要支持者，但在 2002 年通过的《企业法》中也规定了涉及国家安全的外来投资需进行申报并接受政府审查的条款，这标志

① 徐晨、孙元欣：《外资安全国家审查制度国际比较与借鉴》，第 109 页。

② Steven Globerman and Daniel M. Shapiro, “The Impact of Government Policies on Foreign Direct Investment: the Canadian Experience,” *Journal of International Business Studies*, vol. 30, no. 3, 1999, pp. 515 – 516.

着英国对外资国家安全审查的松散确立。① 德国自 2004 年开始对外商投资进行审查；2008 年 8 月通过了《对外贸易与支付法》修正案，并于 2009 年 4 月正式生效，从法律层面确立了对外资的国家安全审查制度；继而，在 2010 年 8 月和 2013 年 8 月，德国又先后对《对外贸易与支付法》进行修订，增加外资并购安全审查的内容。通过这两项修正，德国确立了以联邦经济与技术部为审查主体、以条例修正案所具体规定的外资并购比例 25% 为触发条件、包含较为严密程序的国家安全审查机制。② 此外，俄罗斯联邦在 2008 年 5 月出台的《俄联邦关于外资进入对保障国防和国家安全具有重要战略意义的公司的程序法》规定了俄对外资进行国家安全审查的工作机制、审查对象、审查标准和审查程序，标志着俄罗斯国家安全审查制度的正式设立。③

与此同时，还有更多的国家和地区，尽管并未创设专门的机构和法律执行对外资的国家安全审查职能，但在涉及外资交易的实际事务中却做出了与安全审查相似的行为。例如泰国、菲律宾、巴西等国家限制外资对土地、特定自然资源的控股比例；在欧洲的一些国家，尽管政府宣称大力支持投资与贸易自由化，但往往在交易中设置优先条件，从而事实上对外资进入形成限制或者排挤作用。④

所有这些国家设立的对外资的国家安全审查机制或采取的类似行为，本质上都与美国一样，是一种“政治考量”压倒纯粹经济利益的设定，其实施与变化情况，折射出相关国家当局对外来资本的底线态度，编织出特定时代国际投资环境进而是国际政治经济环境的基本特征。

三　近年来主要经济体对外资的国家安全审查愈益严苛

自 2008 年源于美国的次贷危机升级为全球范围内的金融危机后，国际宏观经济受此拖累，走势持续疲软不振，经济的衰颓刺激了贸易保护主义和经济民族

① Secretary of State for Business, Energy and Industrial Strategy, “National Security and Investment: A Consultation on Proposed Legislative Reforms,” July 2018, p. 10, www. nationalarchives. gov. uk/doc/open-government-licence/version/3.

② 徐晨、孙元欣：《外资安全国家审查制度国际比较与借鉴》，第 106—107 页。

③ 徐晨、孙元欣：《外资安全国家审查制度国际比较与借鉴》，第 107—108 页。

④ Vito Tanzi and Isaias Coelho, “Bariers to Foreign Investment in the U. S. and Other Nations,” in *The Annals of the American Academy of Political and Social Science*, vol. 516, Foreign Investment in the United States, July 1991, pp. 163 - 165.

主义的复兴。[①] 各国不断推出版本繁多的贸易和产业保护政策，试图以此实现经济振兴，最大限度地消除危机造成的负面影响。2016 年以来，随着欧洲右翼保守势力的不断崛起、美国特朗普及其所代表的反建制主义势力登上权力中枢，以及从菲律宾到土耳其，从巴西到俄罗斯、日本，全球范围内强人政治和国家主义政治思潮的强势复兴，“本土主义—民粹主义—民族主义在世界范围内风行”[②]，各国的贸易保护主义越来越超出纯粹经济政策领域，而凸显其政治特征。在此背景下，美国、英国、德国、澳大利亚、加拿大等主要发达经济体纷纷修改原本比较宽松的对外资进行国家安全审查的相关法案，通过降低审查门槛、扩大审查领域、延长审查期限、增加审查程序等方式，不断增大外资进入的制度成本和交易风险。对外资的国家安全审查呈现出愈益严苛的态势。

美国：2017 年美国国会起草《外国投资风险评估现代化法案》，旨在扩大美国外资审查委员会交易审查范围，以更加有效地解决对国家安全的担忧。该草案主要修正内容是“扩大审查权限”“重新界定关键技术”“严格审查特别关注国家”“大幅调整审查程序”以及“强制并购交易进行安全申报”等。其中明确规定将半导体、人工智能、网络安全、核技术、虚拟现实、机器人、自动驾驶汽车等新兴技术行业的外国投资并购纳入国家安全审查的范围，并且对来自中国和俄罗斯的投资并购交易进行特别关注。[③] 2018 年 8 月 1 日，美国国会通过该法案（以下简称“FIRRMA2018 法案”），13 日特朗普总统签署生效；11 月 10 日，作为与新法案配套的两套实施细则，美国财政部宣布“FIRRMA 试点计划”（Pilot Program）正式实施，扩展版的美国对外资的国家安全审查法案正式运行，标志着美国对外资的国家安全审查大幅收紧。

总体看来，实施生效的 FIRRMA2018 法案主要的修正体现在 3 个方面：一是扩大了美国 CFIUS 安全审查的权限范围。新法案规定，CFIUS 的审查权限将扩大至 4 个领域，分别是（1）涉及向外国人出售、转让、租借靠近政府规定的敏感设施附近的不动产交易；（2）“其他投资”，即向外国投资者提供美国企业所拥有的非公开的重要技术信息、董事会成员资格或者其他形式的企业决策权等；

① Lawson A. W. Hunter and Susan M. Hutton, “Foreign Investment Review in Canada: Be Careful What You Wish For,” in *Business Law Today*, May 2011, p. 1.

② 时殷弘：《全球治理和开明秩序面对的倾覆危险》，《世界经济与政治》2017 年第 6 期，第 28 页。

③ 林乐、胡婷：《从 FIRRMA 看美国外资安全审查的新趋势》，《国际经济合作》2018 年第 8 期，第 13—14 页。

(3) 任何可能导致外国投资者控制美国企业的交易或者涉及特定美国企业的"其他投资";(4) 旨在规避CFIUS审查的其他任何交易、转让、协约或者安排等。① 二是新增对投资美国新兴的、基础性先进技术领域的监管。美国一贯对敏感行业、涉及国家安全领域的关键技术实施严格的投资管制,但以往的审查对象主要分布在国防科技、能源、基础设施建设等领域。此次修正实施的审查法案新增加一条内容,即对新兴行业和先进基础性技术领域的外资交易实施安全审查,从而将审查对象扩展到了人工智能、机器人、自动驾驶汽车和互联网安全等新兴技术行业。② 三是加深了对外资安全审查的严格程度,包括将非控股性投资纳入审查范围③、建立政府投资者强制审查制度、延长审查期限等内容。其中明确规定对包含国有资本的外国投资进行强制申报,违者将遭受严厉的惩罚;对美国公司与非美国公司之间的技术合作实施全新的管制体系,对被认为是敏感行业的技术合作、技术转让等实施严格的限制;安全审查期限从30天延长至45天,对于个别需要进行特别调查的"极端特殊情形",还可以另外再延长15天。④

英国:2017年10月,英国政府公布《国家安全和基础设施投资审查》绿皮书,宣称"英国初订于2002年的《企业法》已经无法适应新的环境变化,无法更好地维护国家利益,因而需要进行改革,以建立一套独立的关于外商投资的国家安全审查制度"⑤;2018年7月,在征求各方意见后,英国政府发布《国家安全与投资》白皮书,进一步改革完善了对外资进行国家安全审查的制度体系。根据白皮书内容,英国政府对外资的国家安全审查在政府权限、审查范围、审查程序等方面进行了大幅的修改。

---

① U. S. Department of the Treasury, "Summary of the Foreign Investment Risk Review Modernization Act of 2018," https://home.treasury.gov/policy-issues/international/the-committee-on-foreign-investment-in-the-united-states-cfius.

② "Rules and Regulations," *Federal Register*, vol. 83, no. 197, Thursday, October 11, 2018, p. 51319, https://www.treasury.gov/resource-center/international/foreign-investment/Pages/cfius-regulations.aspx.

③ 例如,以往需要进行审查的对美投资,只需要审查投资主体的控股人信息,而对非控股人信息不必审查,这样一来,一些有政府参股的民营资本控股公司或者财团在参与对美投资时往往能够省却很多不必要的审查成本。但在新的规定下,除了要审查控股部分的民营资本信息外,还要审查其他非控股部分的信息,从而大大增加了审查的范围和通过审查的难度。

④ "Rules and Regulations," *Federal Register*, vol. 83, no. 197, Thursday, October 11, 2018, p. 51321.

⑤ Secretary of State for Business, Energy and Industrial Strategy, "National Security and Investment: A Consultation on Proposed Legislative Reforms," July 2018, p. 22.

一是大幅降低对外资进行国家安全审查的门槛并扩大审查范围。白皮书提出5种触发安全审查的交易类型，即凡是涉及实体公司25%以上的股份或者选票的交易、对实体公司产生重要影响或者致使其控制权变更的交易、尽管未达到前两项标准但会对实体公司产生更深层次影响或者致使其控制权变更的交易、超过50%份额的资本并购和对资本管理将产生重大影响或者导致其控制权变更的资本并购，[①] 都将自动触发国家安全审查机制，必须接受安全审查。与英国现行的审查标准相比，触发机制设定的交易门槛大幅降低。[②] 与此同时，审查的重点领域也有所扩大，不仅囊括了政府“核心区域”的关键基础设施建设、特定的尖端科技、政府和应急服务提供商以及军民两用的敏感技术等，而且向这些核心区域的上下游延伸，包括与“核心区域”有关的关键的直接或间接供应商、虽非“核心区域”但同样是国家重要基础设施的领域以及非核心但同属尖端科技的领域，都被纳入审查范围。[③] 由此，英国政府将国家安全审查从以往的军用技术、能源、电力、通信等关键基础设施领域扩大到计算机硬件、量子科技等前沿尖端技术领域和政府服务供应商、军民两用等敏感技术领域，范围大为扩展。据英国官方预测，这会致使英国每年需要审查报备的交易案件多达200件左右，其中大约一半将接受国家安全审查。[④] 二是修正了对外资进行国家安全审查的程序，延长了审查期限。根据白皮书，国家安全审查的程序较以前更加严密，在2002年《企业法》所规定的关于国家安全审查自愿申报的基础上，设立了强制申报制度。如果外国投资涉及英国的企业属于关键经济领域，且具有至关重要的意义，则对该投资实行强制申报制度，违者将遭到重罚。白皮书还将安全审查期限延长至6个月，以确保审查过程的充分性和严密性。[⑤] 三是大幅扩张政府审查权限。白皮书提出，英国政府鼓励企业和投资者在涉及国家安全风险的交易之前向政府

---

① Secretary of State for Business, Energy and Industrial Strategy, “National Security and Investment: A Consultation on Proposed Legislative Reforms,” July 2018, p. 32.

② Secretary of State for Business, Energy and Industrial Strategy, “National Security and Investment: A Consultation on Proposed Legislative Reforms,” July 2018, pp. 34 – 51.

③ Secretary of State for Business, Energy and Industrial Strategy, “National Security and Investment: A Consultation on Proposed Legislative Reforms,” July 2018, p. 54.

④ Secretary of State for Business, Energy and Industrial Strategy, “National Security and Investment: A Consultation on Proposed Legislative Reforms,” July 2018, p. 58, p. 81.

⑤ Secretary of State for Business, Energy and Industrial Strategy, “National Security and Investment: A Consultation on Proposed Legislative Reforms,” July 2018, p. 69.

报备，同时也将主动“介入”那些可能引起国家安全风险的交易之中，以便充分评估交易对国家的潜在威胁。这种新赋予政府的“介入”权力非常广泛，以确保政府在评估和处理各个领域并购交易全过程中的国家安全风险时具有极大的自主权。[①] 在安全审查之后，政府可以根据情况采取三项处置措施：确认可以继续交易、批准但应满足一定条件、阻止或者解除已经发生的交易。对于已经通过审查的交易，在未来发生进一步交易并可能对国家安全产生重大影响时，政府随时有权再次展开审查并做出处置。[②] 此外，国务大臣也有权在其认为合理的情况下对实施自愿申报的三种类型的外资交易实施国家安全审查，包括获得公司25%以上的股权或投票权、以其他方式对公司产生重要影响或致其控制权发生变更的交易、预期可能对未来国家安全产生影响的新项目和不涉及企业所有权或独立性的纯资产收购等。

德国：2017 年 7 月，德国《对外贸易与支付法》修正案生效。根据该修正案，德国一方面建立了对外资安全审查的强制申报制度，规定凡是外国投资者收购的德国企业涉及安全敏感领域，必须向德国经济部进行申报；另一方面，新法案也扩大了敏感行业范围，延长了进行安全审查的期限。2018 年 12 月，德国政府再次通过了一项《对外贸易与支付法》修正案，并于 2019 年 1 月生效实施。此举在 2017 年修正案的基础上，进一步扩大了德国政府审查和否决涉及国防技术、信息安全、传媒等敏感行业和关键基础设施等领域的外商投资的权力。

根据两项修正案，德国在对外资的国家安全审查方面的主要变化有：第一，新增了关于投资并购审查的有区别的强制申报制度。以往，凡是份额不高于 25% 的一般领域的外资并购，无论并购方是否属于欧盟成员国，德国经济部都不会强制要求交易双方进行安全申报。修正案对此进行了调整和细化，要求来自非欧盟和非欧洲自由贸易联盟（EFTA）的国家在针对德国企业的并购交易时，如果目标企业开展的业务与关键性基础设施、计算机和通信、传媒、电力或者为关键基础设施领域提供软件服务、云计算及其他有战略意义的

① Secretary of State for Business, Energy and Industrial Strategy, “National Security and Investment: A Consultation on Proposed Legislative Reforms,” July 2018, p. 54, p. 69.

② Secretary of State for Business, Energy and Industrial Strategy, “National Security and Investment: A Consultation on Proposed Legislative Reforms,” July 2018, p. 69.

服务等有关，只要并购交易份额超过 10% 就必须进行国家安全审查申报。对来自欧盟和 EFTA 成员国家的投资，“国家安全审查则只是一种‘可能性’而‘强制性’选择”。[①] 显然，德国新的修正案将来自欧盟和欧洲自由贸易联盟的投资与其他地区的投资并购进行了明确的区分，对后者进行的安全审查明显收紧。第二，扩大了对外资并购交易进行强制国家安全审查的行业范畴。以往，只有明确规定的，仅限于军工、武器以及某些与国家安全相关的计算机技术等敏感行业的外资并购案在并购规模达到 25% 投票权的门槛之后才需要接受德国经济部的国家安全审查。新法案实施后，一方面，敏感行业的范围大幅扩展至侦察以及与军事相关的辅助性行业，例如目标监视和跟踪系统、军用电子设备、军事训练和仿真设备、成像和反成像设备及材料、机器人、数据库和消防装备等。[②] 凡是外国投资者涉及上述领域的交易，只要交易规模超过德国目标公司 10% 的投票权，无论投资方是否为欧盟或者 EFTA 成员国，德国经济部均有权对该交易进行国家安全审查。另一方面，非欧盟和 EFTA 成员国对德国企业进行投资并购时，强制申报的关键行业扩大到能源、水力、计算机和电信、金融保险、健康、交通、食品等领域，其中明确规定外资交易凡是涉及为上述领域提供软件服务的德国企业，将成为国家安全审查的重点对象。[③] 第三，修正了国家安全审查的程序，延长了审查期限。根据新的修正案，对一般领域的审查案，德国经济部应该在知悉交易各方签署并购协议的 3 个月内决定是否对该项交易启动审查，并通知各方；审查周期从原来的 2 个月延长至 4 个月；对敏感领域的审查案，德国经济部在接到交易双方的审查申报后，决定是否展开审查的期限和审查程序启动后的审查周期，均从原来的 1 个月延长至 3 个月，以确保审查的充分、有效。新修正案还规定，在交易双方签署并购协议后的 5

---

① Federal Ministry for Economic Affairs and Energy, “Investment Reviews,” https: //www. bmwi. de/Redaktion/EN/Artikel/Foreign-Trade/investment-reviews. html.

② Bundesministerium der Justiz und für Verbraucherschutz, “Foreign Trade and Payments Act,” section 5, Translation provided by the Language Service of the Federal Ministry for Economic Affairs and Energy, https: //www. gesetze-im-internet. de/englisch_ awg/index. html; Bundesministerium der Justiz und für Verbraucherschutz, “Foreign Trade and Payments Ordinance,” Translation provided by the Language Service of the Federal Ministry for Economic Affairs and Energy, p. 33, https: //www. gesetze-im-internet. de/englisch_ awv/index. html.

③ Bundesministerium der Justiz und für Verbraucherschutz, “Foreign Trade and Payments Ordinance,” Translation provided by the Language Service of the Federal Ministry for Economic Affairs and Energy, p. 30, https: //www. gesetze-im-internet. de/englisch_ awv/index. html.

年内，德国政府可随时启动国家安全审查程序。此项规定事实上延长了德国政府对特定并购交易实施国家安全审查的有效期限。不过，法案也规定，外国投资者可以通过主动向德国经济部披露具体的收购计划、外国投资人信息、德国目标公司及经营领域等基本情况，申请“无异议证明”，或者事先与德国经济部进行非正式沟通，以确保并购交易不存在危害德国公共安全和秩序的情况。①

欧盟：欧盟一直以来并没有设立统一的外资安全审查机制。2017 年 9 月，欧盟委员会发布一份建立对外资进行安全审查制度框架的提案，提及在欧盟成为全球重要的外资净流入地区，并且外来投资已经对欧盟社会经济发展产生重要影响的背景下,② 整个欧盟层面并未建立统一的外资国家安全审查机制，但 12 个成员国却各自设有类似的机制。这使得欧盟在细化外资管理方面与各成员国之间存在协调方面的困难，同时也为欧盟内部不同成员国之间的外资安全审查带来了重大不确定性，因而极有必要建立一套欧盟层面的安全审查制度。③ 为此，以欧盟委员会提议的安全审查制度基本框架为蓝本，2018 年 11 月，欧盟正式提出设立对外资安全审查机制的制度草案；2019 年 2 月，欧洲议会通过对草案的表决；3 月欧洲理事会批准该法案，并将于 2020 年 10 月生效。这标志着欧盟层面对外资的安全审查制度正式设立。

审视该法案，值得关注的主要有两点：一是明确了进行安全审查的 4 个重点领域，分别是关键基础设施、关键技术、关键进口物资的供应安全、获取敏感信息或者有能力控制敏感信息的领域。其中关键基础设施包括能源、交通、通信、数据存储、空间或金融基础设施、敏感性设备；关键技术包括人工智能技术、机器人技术、半导体及其元器件技术、军民两用技术、网络安全技术、太空技术或者核技术。凡是涉及上述内容、可能影响到欧盟安全或者公共秩序的外来投资，

① Federal Ministry for Economic Affairs and Energy, “Investment Reviews,” https://www.bmwi.de/Redaktion/EN/Artikel/Foreign-Trade/investment-reviews.html.

② European Commission, “Commission Staff Working Document: Proposal for a Regulation of the European Parliament and of the Council, Establishing a Framework for Screening of Foreign Direct Investments into the European Union,” SWD (2017) 297 final, Brussel, September 13, 2017, pp. 2 –6, http://ec.europa.eu/transparency/regdoc/index.cfm? fuseaction = home.

③ European Commission, “Commission Staff Working Document: Proposal for a Regulation of the European Parliament and of the Council, Establishing a Framework for Screening of Foreign Direct Investments into the European Union,” p. 8.

欧盟及其成员国都可以进行安全审查，并且可以重点审查投资者是否被第三国政府控制，包括通过主权财富基金等形式控股的情况。[①] 但是该法案并未在这些领域的外资规模方面做出明确规定。二是设立了欧盟层面的审查合作机制。文件提出了两种不同情形的安全审查合作机制。一种是在欧盟内部，当某个成员国对某项外来投资发起国家安全审查时，需同时向欧盟委员会和其他成员国通报。倘若欧盟委员会认为该项交易将会影响其一个或多个成员国的安全或公共秩序，则无论其他成员国是否有反馈意见，都将会向发起安全审查的成员国提出指导意见。如果欧盟委员会或者任一成员国认为一项外来投资将会影响其安全或者公共秩序，则可以要求对其进行安全审查的成员国提供任何必要的信息以辅助决策，后者必须慎重考虑欧盟委员会或者其他成员国提出的意见。另一种是欧盟委员会主动对发生在成员国内的外来投资进行安全审查的情况。当欧盟委员会认为发生于某个成员国的一项外来投资将影响欧盟安全和公共秩序方面的利益时，无论交易处于哪个阶段，欧盟委员会均可以向该成员国表达自己的立场，要求其提供必要的信息，并向其他成员国通报欧盟委员会的态度。外资交易的发生国保留对该项交易的最终裁定权，但必须充分考虑欧盟委员会的意见；如不接受该意见，就必须进行更为充分的解释说明。[②]

加拿大与澳大利亚：1985 年实施的《加拿大投资法》已经明确规定了对外来投资进行安全审查的领域、规模、参与审查的机构、程序等主要内容；2009 年制定、2015 年修订的《投资国家安全审查条例》在细化对外来投资的国家安全审查方面做了更为具体的规定。[③] 相对美、德等国而言，近年来加拿大在国家安全审查的立法方面变化较小，在某些方面甚至变得更为宽松。例如，2017 年加拿大提高了来自世界贸易组织成员的非国有企业投资兼并加拿大非文化产业类企业接受安全审查的企业价值（Enterprise Value）标准，从此前的 6 亿加元提高

---

① European Commission, "Commission Staff Working Document: Proposal for a Regulation of the European Parliament and of the Council: Establishing a Framework for Screening of Foreign Direct Investments into the European Union," p. 20.

② European Commission, "Commission Staff Working Document: Proposal for a Regulation of the European Parliament and of the Council: Establishing a Framework for Screening of Foreign Direct Investments into the European Union," pp. 21 – 23.

③ 关于加拿大对外资的国家安全审查制度大略内容，可参见中华人民共和国商务部的一项简要介绍"加拿大关于外国投资的国家安全审查制度"，http://www.mofcom.gov.cn/article/i/dxfw/nbgz/201602/20160201262185.shtml。

至 10 亿加元，这比加拿大政府原定的时间进程提前了 2 年。[①] 然而在实践中，加拿大以国家安全为由否决外来投资的频次要明显高于其他国家。

与加拿大不同，澳大利亚尽管也有关于对外来投资的法律和管理条例，但并没有专门的国家安全审查法案，而是"就事论事地对外来投资进行国家利益审查"。澳大利亚政府认为，"这种灵活的方式要优于固定不变的法条，那些可能阻止优质投资的教条般的规定势必会妨碍其他有价值的投资。就事论事的审查方法既能够最大化地保护澳大利亚利益，也能够最大化地促进投资流动"[②]。根据 1975 年《外资并购法》，澳大利亚政府的外资政策由国库部长根据外资审查委员会（FIBR）的建议加以实施，FIBR 由此成为澳大利亚外资审查机制中的一个重要环节。近年来，澳大利亚一方面加强立法，在 2015—2017 年陆续出台《外资并购征税法 2015》《水域或农业用地外国持有人登记法 2015》等法案和管理规定，强化对外资的审查监管，其中两个变化尤为值得关注：一是扩大了对外资的安全审查范畴，原本外资在澳大利亚国有土地（例如港口、机场或其他基础设施的场址）与澳联邦、各州、自治领和地方政府进行的并购交易，不需要接受国家安全审查，但新的规定取消了这一豁免；二是降低了外国私人投资者购买澳洲商业用地以租借给政府或者用于其他特定目的（例如建设公共基础设施、通信网络或者提供需授权的储蓄服务等）的外资并购交易的审查门槛，从 2.52 亿澳元降至 0.55 亿澳元。[③] 另一方面也加强了安全审查的政府力量，在 2017 年新设立"关键基础设施中心"，与外资审查委员会共同行使对外资的国家安全审查职能。但澳政府并没有就"关键基础设施"给出明确而清晰的界定。综合相关法案和关键基础设施中心官方网站的有关介绍可以判断，该范围"将大大超出澳大利亚目前对外资审查机制中规定的那些内容"，扩展至如下领域：公共基础设施，包括机场、港口、公共交通设施、能源电力设施、油气供给设施、水资源存储、处理和供应设施、排污设施等；已建成或者规划中的公路、铁路及其他联

① The Department of Finance Canada, "A Plan for Middle Class Progress, Fall Economic Statement 2016," p. 32, https://www.budget.gc.ca/fes-eea/2016/docs/statement-enonce/fes-eea-2016-eng.pdf.

② Australian Government, Foreign Investment Review Board, "Australia's Foreign Investment Policy," http://firb.gov.au/resources/policy-documents.

③ Lance Sacks, "Australian Critical Infrastructure Centre," https://www.cliffordchance.com/briefings/2017/03/australian_ criticalinfrastructurecentre.html.

合运输设施；电信网络设施或者核设施。① 显然，澳大利亚对外资的国家安全审查范围和力度也在不断强化。

综上所述，在世界范围内，包括美国、英国、德国、加拿大、澳大利亚、欧盟等国家和地区在内的主要发达经济体，自 2016 年以来，已经从立法、行政等层面纷纷调整了针对外资的国家安全审查制度。这些调整具有明显的共性特征。

第一，对外资的国家安全审查普遍收紧。从审查门槛来看，无论是按照并购标的投票权百分比衡量，还是按照并购涉及的标的企业价值规模衡量，抑或是按照并购交易涉及的资金流量衡量，各国均大幅降低了需接受审查的并购交易的规模门槛。从审查范围来看，军民两用技术、敏感设施等与国防和安全直接相关的领域依然是审查的重点，但人工智能、机器人、无人驾驶技术等尖端前沿科技和数据处理、电信通讯、能源基础设施等重要服务领域的并购，也被列为重点审查领域。先进制造业、高端服务业等普遍被视为对标的国安全和公共秩序将产生重要影响的领域被纳入审查范围。从审查程序上看，各国纷纷通过推动立法、增设审查机构、延长审查时限、强化国际合作等一系列综合手段，极大地增强了安全审查的严密性，并针对意欲躲避审查的并购行为，明确制定了严厉的惩处措施。

第二，从立法层面入手，强化审查的政治合法性大大增强。尽管国家安全审查本质上就是一种政治性审查，但与当代史中的其他阶段不同，近年来主要发达经济体收紧对外资的国家安全审查普遍是从立法入手，通过对原有投资法案的修正，或者新建关于外资的国家安全审查法案，实现强化监管。例如，美国早在奥巴马政府时期就一直有呼声要求强化对外来投资的监管，但直到 2018 年国会通过 FIRRMA2018 法案后，监管才真正开始收紧。英国坚持自由主义经济政策，原来对外资的监管法案相对宽松，经过政府部门有关机构的提议，在发布了绿皮书、白皮书等官方文件并征求公众意见后，才经立法程序而成为国家法案。加拿大和澳大利亚最注重审查机构在对外资审查过程中的自主性，但后者在立法和出台监管条例方面的频次已经大大超出了其他任何国家。对这些国家而言，通过立法或者修法途径收紧对外资的国家安全审查，意味着收紧审查已经从某些团体的局部主张，上升为全国通行的法律规定，从团体私利转变为全民意志，由此赋予收紧审查以高度的合法性。同时，由于立法活动的特性，这种收紧的局面在短时

① Lance Sacks, "Australian Critical Infrastructure Centre," https://www.cliffordchance.com/briefings/2017/03/australian_criticalinfrastructurecentre.html.

间内势必具有不可逆性和不可撤销性。换言之，世界上主要经济发达国家和地区收紧对外资的国家安全审查是经过复杂立法程序之后的法律结果，具有高度的合法性和民意基础，而不只是某个党派或者政治强人短时间内的临时主张和主观想法，这些变化在一定程度上能够比较准确地反映有关国家和地区社会大众对外资态度的重大转变。

第三，时间上具有联动性。各国收紧监管的时间节点集中在 2015—2018 年，分布非常紧凑。加拿大、澳大利亚在 2015 年前后通过有关法条修正案，率先强化了对外资的安全审查；美国此轮强化审查的呼声兴起于奥巴马政府时期，2016—2018 年是具体立法、修法实施阶段，2017 年美国提出修正案草案，旋即得到特朗普的公开支持，2018 年 8 月即在国会通过；英国在 2017 年下半年提出了对外资审查法案的修正意见，并在 2018 年下半年公布了白皮书；德国则是在 2017—2018 年完成了相关审查机制的更新和修正；欧盟委员会的审查立法建议在 2017 年提出，最终在 2019 年年初通过，并将于 2020 年 10 月正式生效。

第四，审查对象具有较为明显的针对性，并且具有政治排他性。所有的国家和地区都强调了对外国有政府背景包括主权财富基金的投资审查，并且均突出了在前沿、尖端技术领域和高端服务领域的交易审查。与此同时，来自政治盟友的投资被区别对待，事实上形成了基于政治标准的审查规制。例如，美国在 FIRRMA2018 法案中曾明确划定了“特别关注国家”，要求特别审查来自明显威胁美国国家安全利益的国家的投资，同时还规定了国家安全审查的豁免标准，即美国是否与该投资者母国签订共同防御条约、签订涉及外国投资安全的多边协定、该投资者的母国设定的外资国家安全审查制度情况以及其他 CFIUS 认为合适的标准。[①] 又如，欧盟的审查法案，针对欧盟内外实施了两套不同的标准，并且重点强调了针对来自东亚国家投资的审查问题。而根据英国、欧盟就修改或者建立投资审查法案的说明，此举是为了“与盟国保持一致”[②]，实际上就是与美国保持一致。

① 冯纯纯：《美国外资国家安全审查的新动向及其应对》，第 148—149 页。

② Secretary of State for Business, Energy and Industrial Strategy, “National Security and Investment: A Consultation on Proposed Legislative Reforms,” July 2018, p. 10; European Commission, “Commission Staff Working Document: Proposal for a Regulation of the European Parliament and of the Council, Establishing a Framework for Screening of Foreign Direct Investments into the European Union,” p. 2.

四 中国的对外投资成为事实上被审查的主要对象

行文至此，不妨回转目光，观察一下近年来中国的对外投资情况，其主要呈现出 4 个方面的特征。

第一，尽管在较长时期内发展缓慢，但从 2007 年开始直到 2016 年年底，中国的对外投资在年度增速方面超越所有非西方国家，投资规模在短时间内成倍增长，成为跨国投资领域最重要的国家之一。根据联合国贸易与投资委员会的统计数据，近几年在世界主要国家的跨国资本流动中，对外投资规模和速度增长最快的 3 个国家分别是美国、中国和日本。自 1990 年以来，除 2005 年和 2018 年出现大规模回流外，美国长期保持对外投资规模最大国家的地位，日本则长期保持世界第二大对外投资国身份。中国自 2007 年对外投资规模开始逐渐扩大；到 2016 年年底，对外投资规模从 2006 年年底的 180 亿美元增长至 1960 亿美元，扩大了 10 倍，年均复合增长率高达 27%；与此同时，美国的对外投资规模从 2006 年年底的 2240 亿美元发展为 2016 年年底的 2890 亿美元，增长了 29%，但年均复合增长率仅有 2.6%；日本对外投资增长速度高于美国，但在 10 年中也只增加了 2 倍，年均复合增长率 11.6%，不及中国的一半。如果将欧盟考虑在内，差距更为明显。2006—2016 年，欧盟对外投资规模从 6610 亿美元缩减至 4900 亿美元，缩水了 26%，年均复合增长率 -3.0%，呈现不断萎缩态势。2016 年，中国当年对外直接投资规模达到 1960 亿美元，超过日本居全球第二，仅比美国低 930 亿美元。因此，2017 年美国专门追踪中国对外投资情况的机构荣鼎集团（Rhodium Group）在发布的报告中宣称，中国“已经成为全球跨国并购的重要参与者，……成为仅次于美国的第二大全球投资国”，并认为“中国未来对外投资潜力增长巨大，2015 年、2016 年的海外并购纪录将成为新的常态”[①]。图 1 是世界主要经济体对外直接投资规模变化情况。

第二，近年来中国的对外投资已经从原材料等产业价值链下游，转移至高端制造业、高技术产业、高技术服务业等产业价值链更大的领域。起初，中国的对外投资主要集中在能源矿产、工业原材料等领域，其中海外石油、矿石、电力工

① Rhodium Group, “China’s Rise in Global M&A: Here to Stay,” https://rhg.com/research/chinas-rise-in-global-ma-here-to-stay/.

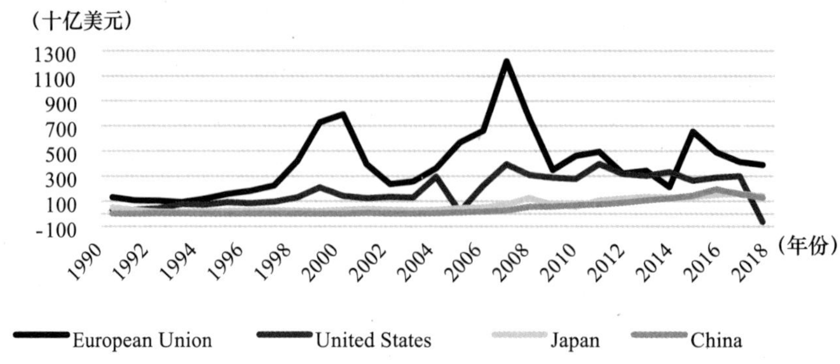

图 1 世界主要经济体对外直接投资规模变化(1990—2018 年)

资料来源:笔者依据联合国贸易与投资委员会 2019 年世界贸易报告数据制作。①

程建设等项目构成了中国对外投资的主体部分。② 自 2007 年以后,中国强化了在海外金融、工业制成品、高技术产业等领域的投资布局;2012—2016 年,中国在海外投资结构较 10 年前发生了极大的变化,尤其是在高技术领域的投资规模不断增大。2016 年,中国对外投资的首要目标已经转变为工业、高技术、金融和娱乐业。③ 中国商务部发布的 2016 年对外投资数据显示,当年"实体经济和新兴产业受到重点关注,中国企业对制造业、信息传输、软件和信息技术服务业以及科学研究和技术服务业的投资分别为 310.6 亿美元、203.6 亿美元和 49.5 亿美元;其中对制造业投资占对外投资总额的比重从 2015 年的 12.1% 上升为 18.3%;对信息传输、软件和信息技术服务业投资占对外投资总额的比重从 2015 年的 4.9% 上升为 12.0%";同时,"支持结构调整和转型升级的领域成为热点。2016 年全年共实施对外投资并购项目 742 起,实际交易金额 1072 亿美元,涉及 73 个国家和地区的 18 个行业大类。其中对制造业,信息传输、软件和信息技术服务业分别实施并购项目 197 起和 109 起,占境外并购总数的 26.6% 和 14.7%"④。2017 年后,中国国内收紧对外投资监管,海外娱乐业投资受到压制,

① https://unctad.org/en/Pages/DIAE/World%20Investment%20Report/Annex-Tables.aspx.

② Rhodium Group, "The New Complexity of Chinese Outbound Investment," https://rhg.com/research/the-new-complexity-of-chinese-outbound-investment/.

③ Rhodium Group, "China's Rise in Global M&A: Here to Stay," https://rhg.com/research/chinas-rise-in-global-ma-here-to-stay/.

④ 中华人民共和国商务部商务数据中心:《2016 年我国对外投资同比增长 44.1%》, http://data.mofcom.gov.cn/article/zxtj/201711/37570.html。

但高技术产业、有利于国内经济结构换代升级的工业投资，依旧得到大力支持。① 据2019年年初中国商务部发布的新闻通报，2018年全年中国对外投资主要流向“租赁和商务服务业、制造业、批发和零售业、采矿业，占比分别为37%、15.6%、8.8%和7.7%；……房地产业、体育和娱乐业对外投资没有新增项目”②。图2是中国对外投资领域分布情况。

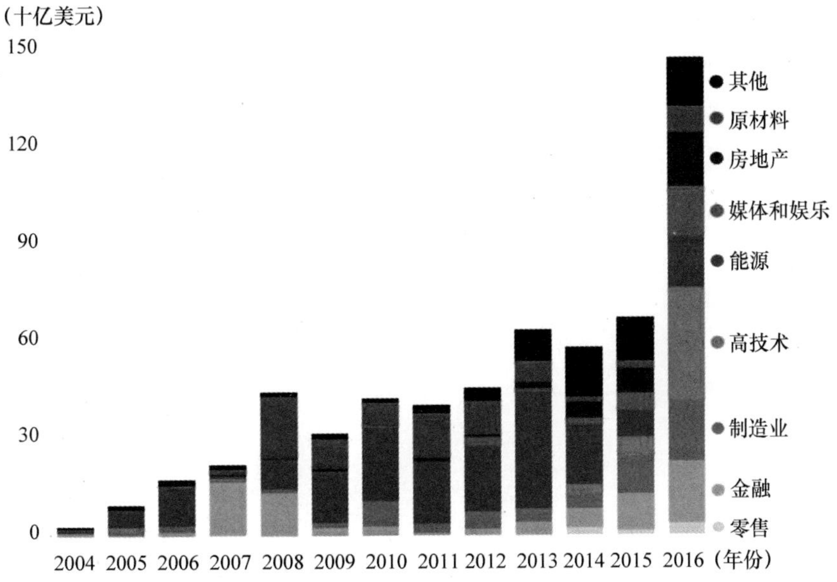

图2　中国对外投资领域分布情况

资料来源：Rhodium Group，“China Rise in Global M&A：Here to Stay，” 2017，p. 5。

① 2017年8月，中国国务院办公厅转发国家发展改革委、商务部、中国人民银行、外交部《关于进一步引导和规范境外投资方向的指导意见》，明确了“鼓励、限制和禁止”开展的境外投资项目。支持境内有能力、有条件的企业积极稳妥地开展境外投资活动，推进“一带一路”建设，深化国际产能合作，带动国内优势产能、优质装备、适用技术输出，提升技术研发和生产制造能力，弥补能源资源短缺，推动相关产业提质升级；限制境内企业开展与国家和平发展外交方针、互利共赢开放战略以及宏观调控政策不符的境外投资，包括：（1）赴与中国未建交、发生战乱或者我国缔结的双多边条约或协议规定需要限制的敏感国家和地区开展境外投资；（2）房地产、酒店、影城、娱乐业、体育俱乐部等境外投资；（3）在境外设立无具体实业项目的股权投资基金或投资平台；（4）使用不符合投资目的国技术标准要求的落后生产设备开展境外投资等。禁止境内企业参与危害或可能危害国家利益和国家安全等的境外投资。对境外投资项目实施分类指导。对鼓励开展的境外投资，要在税收、外汇、保险、海关、信息等方面进一步提高服务水平，为企业创造更加良好的便利化条件。对限制开展的境外投资，要引导企业审慎参与，并结合实际情况给予必要的指导和提示。对禁止开展的境外投资，要采取切实有效的措施予以严格管控。国家发展和改革委员会门户网：“国务院办公厅转发国家发展改革委商务部人民银行外交部关于进一步引导和规范境外投资方向指导意见的通知。”参见 http：//www. ndrc. gov. cn/gzdt/201708/t20170818_ 858265. html。

② 中华人民共和国人民政府网：《商务部合作司负责人谈2018年全年对外投资合作情况》，http：//www. gov. cn/xinwen/2019 -01/16/content_ 5358369. htm。

第三，近年来中国的对外投资明显从欠发达地区转移至政治稳定、风险系数更小的发达国家和地区，从外围向中心地区转移的趋势十分明显。图 3 是中国对外投资的主要标的国变化情况。根据荣鼎集团的追踪报告，在 21 世纪初，中国的对外投资主要分布在中东、中亚、非洲、拉美等资源富集但投资风险较高的地区；随着投资规模的扩大，中国投资者对风险的敏感度不断升高，投资开始越来越多地流向政治稳定、资源富集的发达经济体，加拿大、澳大利亚、美国等成为重要流入地。2008—2013 年，此三国几乎吸纳了接近一半的中国对外投资。此后这种调整持续进行，到 2016 年年底，美国、欧盟、加拿大、澳大利亚、日本等已经成为中国对外投资的主要标的国；其中美国和欧盟持续多年高居前两位，吸收了接近六成的中国对外投资。①

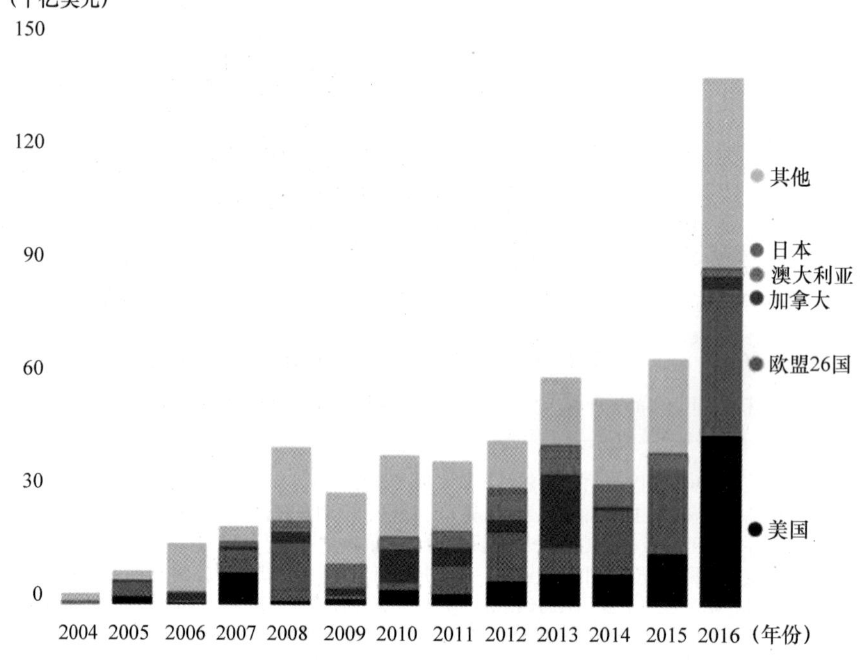

图 3 中国对外投资的主要标的国变化情况

资料来源：Rhodium Group，“China Rise in Global M&A：Here to Stay，” 2017，p. 5。

第四，中国的对外投资中，公有经济成分比重极高，国有背景的投资规模居

① Rhodium Group，“China Rise in Global M&A：Here to Stay，” 2017，p. 5，https：//rhg. com/research/chinas-rise-in-global-ma-here-to-stay/.

高不下。根据中国商务部的数据，2016 年中国非金融类对外投资中，属于非公有经济控股的境内投资者对外投资约为 1232.4 亿美元，占总量的 68%；[①] 2017 年 4 月，中国国资委官员称，当时中央企业境外投资额占中国非金融类对外投资的 60%，[②] 如果将地方各级政府的国有企业境外投资计算在内，这一比例必然会显著提高；2019 年 1 月公布的数据显示，2018 年全年中国非公有经济控股主体对外投资 554.2 亿美元，占比 57.4%，[③] 意味着在中国的对外投资中，有接近一半的投资主体为公有制经济控股；如果将非公有制经济控股的对外投资中的公有制部分计算在内，则其比重势必更高。

对外投资增速最快的非西方国家，投资领域向高技术、高端服务业转移，投资地区从高风险的发展中国家向美、欧等发达国家和地区转移，公有制经济在对外投资中占比明显高企：这些正是中国近年来在跨国投资领域展现出来的鲜明特征。与主要发达经济体在国家安全审查方面的最新变化进行比对，不难发现，二者具有高度的一致性。从时间上看，中国的对外投资规模在 2016 年达到近年来的峰值，此后出现大幅调整；无独有偶，主要发达经济体对外资的国家安全审查也于 2016 年前后开始收紧。作为一项普适性的律法或行政机制，各国关于外资的国家安全审查不可能明确指出其针对性，不同立场的学者亦可辩解这些变化与某一个国家的具体行为之间不具有强关联性。但倘若以一种印象主义的方法来看，显然，主要发达经济体收紧对外资的国家安全审查，与中国在跨国投资领域的蓬勃发展之间，具有紧密的关联性。即便不去考察二者之间的因果关联，仅仅从各国生效的新法案看，如果继续按照 2016 年以前的对外投资风格发展下去，则来自中国的资本势必成为最主要的审查对象。

事实上，主要修正安全审查法案的国家并不讳言其针对中国投资的主观意图。德国主流媒体指出，2017 年修正《对外贸易与支付法》缘由之一就是 2016 年中国的美的集团成功收购德国最大工业机器人制造商库卡，引发德国舆论对外资并购的激烈争论，[④] 不仅加速推动德国修订通过了更为严苛的对外投资审查法

---

① 中华人民共和国商务部：《中国对外投资发展报告 2017》，第 17 页。

② 肖亚庆：《央企境外投资已占我国非金融对外投资 60%》，新浪财经网，http：//finance.sina.com.cn/hy/hyjz/2017－04－28/doc-ifyetwtf8788670.shtml。

③ 中华人民共和国人民政府网：《商务部合作司负责人谈 2018 年全年对外投资合作情况》。

④ 法兰克福汇报网："Oettinger gegen Chinesen beim Roboterhersteller Kuka," https：//www.faz.net/aktuell/wirtschaft/unternehmen/guenther-oettinger-gegen-kauf-von-kuka-durch-chinesen-14260546.html。

案，而且促使德国积极联络法国、意大利等国，推动欧盟制定相关应对法案；美国 FIRRMA2018 法案的主要动议人、美国参议院共和党党鞭约翰·康宁在白宫圆桌会议上坦言，来自中国的投资是美国面临的重大威胁之一，中国在美国大幅投资人工智能、自动驾驶汽车和互联网领域等新兴行业，而美国企业在中国却长期面临“以技术换市场”的问题，修改法案的目的就是要限制中国的在美投资；① 欧盟在新制定的监管法案中也明确提到，来自中国的投资规模和领域的扩张给其造成了重大的挑战，为确保经济安全和制造业优势，必须进行有效应对。②

因此，即便不在主要发达经济体收紧国家安全审查和中国在跨国投资领域的迅猛发展之间建立完全合乎科学行为主义所要求之标准的强有力的因果链条，来自中国的跨国投资也已经确凿成为收紧审查的主要对象。在此，聊举一例以证之。

2018 年中国国家电网公司（SGCC）收购德国输电系统运营商 50Hertz Transmission GMBH（以下简称“50Hertz”）20% 股份被否决案，可以集中反映出德国近年来对中国投资的态度。50Hetrz 公司是德国四大电网公司之一，60% 的股份由比利时电网运营商 Elia 掌握，其余 40% 归属于澳大利亚投资基金 IFM 公司；近年来由于投资能力下降，发展受限。2018 年 2 月 9 日，50Hertz 公司宣布 IFM 公司有意将 20% 的股份出售给 SGCC，总值 8 亿欧元；在“股东 Elia 公司批准、德国政府监管机构不提出异议”的情况下，交易将能够“在今夏完成”。③ 据德国 2017 年 7 月 12 日新修订通过的外资监管法案，在关键基础设施领域，如电网、通信、银行金融服务商等并购规模超过 25% 时，必须接受德国政府的安全审查。SGCC 收购 50Hertz 的股本比例只有 20%，并未触发强制审查条件。但在

---

① 美国白宫网：“Remarks by President Trump at a Roundtable on the Foreign Investment Risk Review Modernization Act (FIRRMA)，” August 23，2018，https：//www. whitehouse. gov/briefings-statements/remarks-president-trump-roundtable-foreign-investment-risk-review-modernization-act-firrma/。

② 欧盟法案在提及保护本地区产业优势的同时，也强调了其他国家尤其是中国对外资进入设定了严苛的限制，并导致在对华资本保持开放的同时，欧盟资本无法在华享受对等的权利。这也是欧盟设立对外资的国家安全审查制度之重要理由。参见 European Commission，Proposal for a Regulation of the European Parliament and of the Council：Establishing a Framework for Screening of Foreign Direct Investments into the European Union，p. 2；European Commission，Commission Staff Working Document：Proposal for a Regulation of the European Parliament and of the Council，Establishing a Framework for Screening of Foreign Direct Investments into the European Union，p. 3。

③ 北极星输配电网：《战略布局！国家电网入股德国电网巨头 50 赫兹 20% 股份》，http：//shupeidian. bjx. com. cn/news/20180222/881275. shtml。

2018 年 7 月 27 日，德国政府宣布国有银行德国复兴信贷银行将收购 50Hertz 拟出售的股份，从实际行动上否决了 SGCC 的收购案。在给《21 世纪经济报道》询问此事的回复邮件中，德国经济事务和能源部并未直接评论 SGCC 本身，而是宣称，包括水、信息技术、保险、交通运输和健康等在内的产业部门属于德国的关键基础设施；基于国家安全，德国政府对这些领域的保护具有重大意义。《21 世纪经济报道》援引德国法律界人士评论称，尽管政府并未直接出面阻止 SGCC 收购 50Hertz 公司的股份，但指令另一家德国企业行使其优先购买权而取代前者，意味着 SGCC 今后投资德国国家电网系统等关键基础设施将变得希望渺茫。①

值得玩味的是，50Hertz 作为德国重要的电网运营商，其股权长期掌握在外国企业手中，本次交易完成后，其八成股权仍不在德国企业手中。如果德国政府认为外国企业投资本国关键基础设施妨害安全，则仅有 50Hertz 20% 的股权并不能根本性地强化其安全状态，德国政府更应该做的是迅速将本国资本的控股比例扩大至一半以上，并获取决策权；如果非德国资本在企业中的股权比例与安全问题无直接关联，则德国政府指示其国有银行“抢购”SGCC 与 50Hertz 市场交易的股权部分，就变得几无道理。但倘若将 50Hertz 两家控股公司的母国比利时、澳大利亚与 SGCC 的母国进行比较，则能够发现，比、澳、德作为传统西方经济发达国家，同时作为美国的盟国，在“国家安全”问题上天然比较容易形成一致性的立场。而中国作为非西方、非资本主义民主制并被美国认定为战略竞争对手的国家，在“国家安全”问题上已经被先验式地画像，立场影响着决策。SGCC 参与的这项投资交易，集中了“中国”“国有”“关键基础设施”等前述主要发达经济体在收紧对外资的国家安全审查方面几乎全部敏感字样，因而尽管交易规模并未达到法案规定的强制安全审查的门槛，德国政府依旧进行了重点关注，并最终事实上实施了否决。

概言之，SGCC 与德国 50Hertz 公司交易的失败，并非交易双方之间的商业原因：不存在双方在交易价格上的分歧；也并非出于法律原因：该交易完全符合德国新修订的投资审查法案，甚至未触发强制安全审查的条件；其失败从根本上看是政治性的：德国政府对来自中国的国有企业在本国关键基础设施领域进行大

① 和佳：《一周两起对德并购交易遇阻，德国对外国投资审查或将收紧》，《21 世纪经济报道》，2018 年 7 月 31 日，http：//epaper. 21jingji. com/html/2018 -07/31/content_ 91101. htm。

规模投资充满疑虑与担忧。

但这并非个案。表1 列出了近年来主要中资企业海外投资并购被立案审查情况。据不完全统计，仅 2018 年，中国企业在海外投资影响力较大、被否决的案例有：5 月，中国交建集团收购加拿大建筑企业爱康集团案被否决；7 月，中国国家电网公司收购德国 50Hertz 公司 20% 股份案被否决；8 月，山东烟台台海集团收购德国机械制造商 Leifeld 公司案被否决；11 月，香港长江基建集团 120 亿澳元收购澳大利亚天然气管道运输商 APA 案被否决。往前追溯则还有：2017 年 9 月，中国互联网企业四维图新联合腾讯公司收购地图服务商 HERE 被否决；2016 年 10 月中国福建宏芯基金 6.7 亿欧元收购德国芯片设备生产商爱思强被否决；2016 年 8 月中国国家电网公司收购澳大利亚电网公司 Ausgrid 被否决；2016 年 6 月中国国家电网公司收购比利时能源配网公司被否决；2016 年 4 月香港长江和记实业公司 145 亿美元收购西班牙电信旗下英国移动电话业务被否决。在上述案例中，除 SGCC 收购 50Hertz 案外，其他被否决的理由均明确为“国家安全”，反映出主要发达经济体对中国投资更加犹疑保守的态度。

表1　**近年来主要中资企业海外投资并购被立案审查情况列表**

时 间	案 件	审查国	结果	理 由
2018.11	香港长江基建集团收购澳大利亚 APA 公司	澳大利亚	政府否决	国家安全
2018.08	烟台台海集团收购德国 Leifeld 集团案	德国	政府否决	国家安全
2018.07	中国国家电网公司收购德国 50Hertz 案	德国	被取代	
2018.07	中方全资持股的加德纳航空收购英国北方航空公司案	英国	无条件通过	
2018.05	中国交建集团收购加拿大爱康集团案	加拿大	政府否决	国家安全
2017.09	四维图新和腾讯收购地图服务商 HERE 股权案	美国	政府否决	国家安全
2017.05	中国海能达收购英国数字对讲机供应商赛普乐案	英国	无条件通过	
2016.10	福建宏芯基金收购爱思强案	美国	政府否决	国家安全
2016.08	中国国家电网收购澳大利亚电网 Ausgrid 案	澳大利亚	政府否决	国家安全
2016.06	中国国家电网收购比利时能源配网公司案	比利时	政府否决	国家安全
2016.04	香港长江和记实业公司收购英国移动电话业务案	英国	政府否决	国家安全

资料来源：笔者自制。

五　广域视野中诸多变化的世界政治意蕴

尽管以美英为代表的西方资本主义发达国家自第二次世界大战以来在国际贸易、跨国投资中始终以经济自由主义理念为基本格调，但以民族主义、国家主义为底色的贸易保护主义、经济民粹主义作为一种“潜流”，始终运行于经济自由主义的表象之下。主要发达经济体在国际经济领域的政策变迁与立场变化，并不只是简单的完善立法、维护经济利益，本质上是其国际政治经济立场在世界经济贸易领域的投射，并在更深层次上折射出来自主要发达经济体的政治精英、社会大众对其所处时代之国际政治局势的基本态度。因此，从更长的历史时段看，主要发达经济体收紧对外资的国家安全审查并非新事。

复以美国为例。学者曾分析美国对外资的国家安全审查发展历史，发现从1975年CFIUS成立至今，美国共经历了三次投资保护主义浪潮，每一次都是通过修改法律来实现的。在一波波的投资保护主义推动下，CFIUS从无到有，从一个松散的咨询性质的行政联席会议演变为跨越行政和立法系统的、美国资本的产权市场的守门人，内中彰显的是美国货币金融霸权与军事霸权内在博弈的两难逻辑，是美国不同政治群体对国际自由主义经济秩序的博弈困境。① 这一论断点揭示了美国收紧对外资的安全审查与美国对外政治经济政策之间的深刻关联。实际上，当前美国愈益严苛的外资国家安全审查制度，正与其已经实施的包括能源现实主义、技术保护主义等一道，共同编织成一幅极度保守、极度反国际主义、反全球化的特朗普政治经济图景。

早在总统竞选时，特朗普便大力主张扭转奥巴马政府推行已久的扶持新能源及其技术发展的政策，转而发展和壮大美国传统化石能源行业。入主白宫后，特朗普任用佩里为能源部长，大力实施由后者概括为“能源现实主义”的能源战略。② 与奥巴马时期美国主动融入国际社会应对全球气候变暖的政策不同，特朗普“能源现实主义”不仅大幅削减了对新能源和应对气候变化行动的支持，取

① 翟东升、夏青：《美国投资保护主义的国际政治经济学分析——以CFIUS改革为案例》，《教学与研究》2009年第11期，第59—60页。

② 美国能源部网：“The New Energy Realism: Secretary Perry Remarks at CERA Week—As Prepared for Delivery,” March 7, 2018, https://www.energy.gov/articles/new-energy-realism-secretary-perry-remarks-cera-week-prepared-delivery。

消了对新能源的产业补贴和税收优惠，还不顾国际社会反对，退出了《巴黎气候协定》，从而重挫国际社会应对气候变化的努力；同时，特朗普大力支持油气、煤炭等传统化石能源行业，取消了诸多限制国内化石能源生产的政府和行业监管，放松了对油气资源出口的管制措施；新建、扩建和升级现有油气管网和液化天然气出口平台，打造“能源运输走廊”；此外，特朗普政府还坚持强调“美国优先”，以美国化石能源为政策武器，增强本国和政治盟友的能源安全，巩固其全球战略权势，并打击敌对国家的能源软肋。能源，尤其是美国丰富的油气资源，包括近几年迅速发展的页岩气等，都成为特朗普政府用以促进经济恢复、削减贸易赤字的重要手段。在应对美国经济衰退、增加工人就业问题上，特朗普政府显然将美国迫切的现实需要而非全球应对气候变化的道义责任排在首位，其政策的现实主义意味十分浓厚。

与能源现实主义相应的，是美国在新兴高技术领域的强化管制政策。2018 年特朗普政府通过了关于美国先进技术出口的管制法案，明确要求禁止或者限制重要领域先进技术的对外出口和转让。除了严禁外资进入本国收购高端技术企业外，还特别规定美国高端技术企业的技术出口必须经过政府有关部门的审查，违者将遭受重罚。与此同时，美国以非正式的方式对涉外尖端科研合作项目进行政府审查，凡是受雇于美国企业、科研院所的重要科研人员，均需上报接受外国资助的情况，并根据不同情形，对其采取解雇、限制等处理措施；而原本与国外机构尤其是有外国政府背景的机构有合作关系的美国科研实体、个人等，都正在或者已经遭到不同程度的调查与询问。其目的正是要防止可能出现的所谓“技术被窃”事件。此外，美国还收紧了针对外国学者来访的签证管制，尤其是来自中国的多位科研人员在前往美国参加学术交流之际被拒签或者遣返，表现出其在科学技术领域越来越保守、闭锁的态度。

除此之外，还有从 2017 年就开始酝酿、发酵，至今已经对世界经济整体形势造成严重负面影响的对华进口商品加征高额关税，引发中美两国持续至今仍未见完全结束迹象的贸易战；美国与欧盟、日本等国就汽车、钢铁等行业重新修订贸易协定的纠纷；持续拖欠联合国会费、威胁或者已经退出包括应对气候变化国际组织在内的多个多边国际组织；在伊核问题、朝核问题上持续保持强硬立场，单方面完全撕毁奥巴马政府就伊核问题达成的阶段性成就；扩大美国司法长臂管辖范围，对5G产业领域重要竞争对手中国科技企业中兴、华为等公司实施国家制裁；大力宣扬中国“威胁”，频频介入中国涉港、涉疆、涉台等内政当中，极力强调新形势下的大国竞争等。所有这些交织在一起，彰显出在世界经济持续疲惫不振、美国经济增长乏力的背景下特朗普政府更加保守、更加强调美国本国利益重于国际社会普遍利益、更加重视通过国际霸权机制维护和增加其本国利益的对外战略特质。

更重要的是，这些并非美国一国的单个行为，特朗普式的对外战略在主要发达经济体中时常可见。从英国到加拿大，从澳大利亚到德意志联邦，乃至整个欧盟，连同在俄罗斯、日本、菲律宾、巴西、土耳其，强人政治与民粹主义交织在一起，推动着国家主义压倒国际主义。重提大国竞争、强调国家安全重于其他利益，这成为特朗普式对外战略大行其道的世界中最显著的特质。由此可以大体确认，当前的世界局势越来越彰显出与冷战结束三十年来主流国际社会所熟悉的国际自由主义理念截然不同的，但显然更具历史厚度的现实主义政治经济逻辑。在这样的逻辑下，国家利益压倒国际公利，权势斗争战胜经济获益，一国安全重于整体和平，相对收益高于绝对收益。因此，“90年代以来在全球范围内大行其道的经济自由主义神话已经破灭”①。经由自由主义推崇者亲手建立起来的“国家安全长墙”，正在肇基，并将可能以超出人们想象的速度，在全球范围内普遍建成。

这一结论对中国外交战略亦有重要意蕴。如果复杂现实主义压倒了国际自由主义成为全球政治主流，那么一个更趋紧张和内在复杂能动的世界必然不可避免。对意气风发地走向复兴的当代中国而言，这个正在到来的世界实可谓遍地危机。它固然可能给中国提供某些战略机会和外交机会，但势必如同前文已经提及的那样，将在更多的领域增大中国的困难、压力和伤害。在一个不那么“儒”的世界中，中国一方面应在需要甚或必需时，无畏地正面攻坚、决战决胜，以坚决阻止和回击对核心利益的重大伤害；另一方面应在“保底”的前提下交互使用“战略军事”与“战略经济”，审慎进取，大力克制可能有的战

① Mikhail A. Molchanov, “Energy Security and the Revival of Geopolitics: the Russian Case,” in Sai Felicia Krishna-Hensel ed., *New Security Frontiers: Critical Energy and the Resource Challenge*, Burlington: Ashgate Publishing Company, 2012, pp. 19 –20.

略冲动，参照中国优秀政治主流传统中的“战略保守主义”，集中致力于中国自身的稳定、繁荣和进步。① 要始终坚持这样一项基本信念：扎扎实实地建设好这个有着 14 亿人口的发展中大国，是当代中国对人类社会做出的最大、最好的贡献。

① 时殷弘：《特朗普当选美国总统对世界和中国的意义》，《太平洋学报》2017 年第 1 期，第 100 页。

威权、福利与庇护：民粹主义在非西方世界的激荡之旅*

——基于拉美与东南亚经验的考察

林　红**

【内容提要】　非西方国家是民粹主义全球图景中不可或缺的部分，但民粹主义在非西方国家的表现完全不同于发达资本主义国家，应该是一个确定的事实。其一，由于传统势力、新立宪主义和多阶级联盟等诸因素的影响，非西方国家较易形成威权民粹主义和涌现克里斯玛型政治领袖。其二，由于民粹主义领导人在执政实践中多采取扩大国家干预、限制外国资本、强调经济增长和收入再分配等政策，非西方国家比较容易走上福利民粹主义的发展道路，拉美“粉色浪潮”与泰国“他信经济学”即是典型实践。其三，由于传统文化、农业文明的影响深远悠久，建立在土地依附关系或庄园经济关系之上的庇护主义根深蒂固，精英与民众之间存在程度不同的传统庇护关系，民粹主义与庇护主义相互交织。关于非西方民粹主义问题的整体性思考，既要考虑输入性因素的影响，即外源性、超前性的民主政治和资本主义模式的刺激；更要考虑内生性因素的影响，尤其是公平分配与经济增长之间难以平衡这

* 本文是国家社科基金项目“民族主义与民粹主义的当代趋势及其挑战研究”（项目批准号：19BZZ041）的阶段性成果。感谢《世界政治研究》匿名审稿专家的宝贵意见，笔者文责自负。

** 林红，中国人民大学国际关系学院教授。

一国家治理困境。

【关键词】 威权主义　多阶级联盟　福利民粹主义　庇护主义　道义经济学

对于现代政治中的民粹主义究竟为何物，学术界一直争论不休而难有定论。但从现象上看，人们对民粹主义的时空特性却少有争论。在时间维度上，民粹主义是一种具有历史复发性的现代政治现象，在其短短 150 年历程中，有高潮有低谷，但从来没有退出过政治舞台；在空间维度上，民粹主义可以超越政治制度、发展水平、传统文化的差异而在世界各国广泛存在。虽然 2008 年金融危机以来，民粹主义浪潮在欧美风云突起，2016 年后的美国特朗普现象和英国脱欧进程几乎占据了有关民粹主义讨论的全部版面。然而，民粹主义不独在西方世界存在，它的更广大、更激烈的实践空间是在非西方世界。事实上，民粹主义除了在开端时期与美国人民党运动相联、在当前时期与美欧的右翼保守政治相联之外，这一头一尾之间的大部分时间里，民粹主义游荡在那些同时经历现代化转型与全球化挑战的发展中国家中。必须承认，当我们说民粹主义已成为当今政治图景中的主要特征时，这幅政治图景并不仅仅局限于西方，对于民粹主义全球性存在的理解必然涵盖非西方世界，主要是拉美和东南亚地区。因为在那里，迥异于西方的政治制度实践、经济发展策略和文化历史传统为民粹主义书写的是完全不同的篇章。

一　前言：非西方世界的民粹主义时代

多样性是世界的本来面貌，民粹主义也有多副面孔。它无论在西方还是在非西方出现，都首先体现独特的本土性，都是本国政治、经济和文化诸因素相互作用的结果。在此意义上说，各国各地区的民粹主义现象无论是在时间上还是在空间上都相互隔绝，相互之间并没有必然联系，[①] 就像美国人民党运动和俄罗斯的民粹派运动之间并没有实质联系一样。然而，形态不同的民粹主义现象又有共同的特点，即都是现代性政治的产物，都是伴随着资本主义、民主政治、民族主

① Ghita Ionescu, “Populismo: Sus Significado y Caracteristicas Nacionales,” http: //www. worldcat. org/title/populismo-sus-significados-y-caracteristicas-nacionales.

义、多元主义等现象而出现的，因此要辨识民粹主义现象其实并不困难。这种标榜人民至上主义、以反建制和反精英、挑战既有秩序为标志的政治现象，在任何意义上讲都是转型时代的产物，无论是从传统到现代的转型，或者现代到后现代的转型。如果说当今的西方右翼民粹主义是发达资本主义国家向后现代、后工业化时代转型的产物，那么非西方国家的绝大部分民粹主义实践仍然是传统社会向现代化和工业化转型的产物。

对于广袤、多元和复杂的非西方世界来说，任何着眼于所谓非西方民粹主义，甚至仅仅是拉美、东南亚、中东或中东欧的民粹主义研究，都可能过于简化。但是，正如塞巴斯蒂安·爱德华兹（Sebastian Edwatds）努力寻找对拉美民粹主义宏观经济模式的理解一样，把非西方世界看成一个整体，关注其中的典型地区如拉美、东南亚的代表性意义，或许能勾勒出民粹主义在非西方的历史行程及其背后的结构性和制度性特征。

现代化给发展中国家带来的重大政治变革无疑是民主时代的开启，而民粹主义正是这些国家初尝民主时即会遭遇的挑战。按照塞缪尔·亨廷顿（Samel Phillips Huntington）的著名理论，民主化在20世纪出现过三波浪潮，几乎波及所有发展中国家与地区。联合国开发计划署在2004年的一份报告中曾总结了拉美地区的民主化成就，认为“在20世纪60年代末70年代初，拉美的18个主要国家中，只有3个国家（哥伦比亚、哥斯达黎加和委内瑞拉）是民主国家。25年后的今天，从政治和选举角度来说，所有国家都是民主国家”①。彼得·H. 史密斯（Peter H. Smith）在《论拉美的民主》一书中也论证了这一观点，他比较了整个20世纪拉美的寡头制、半民主制和民主制的发生情况，认为1978—1998年该地区被考察的19个国家中，已经有15个成为选举民主国家，4个成为半民主国家，没有一个是专制国家，到了2000年，拉美地区接近90%的人口享有选举民主。② 国内有学者认为，这一以选举来定义的所谓民主进步有两个指标，一是选举能正常进行，二是军人干政最终都没有成功。③ 20世纪末，这两个指标在东南亚国家那里也基本实现了，泰国、印度尼西亚、马来西亚、菲律宾等主要国家都

---

① UN Development, *Democracy in Latin American: Towards a Citizen's Democracy*, New York: UNDP, 2004, p. 37.

② 彼得·H. 史密斯：《论拉美的民主》，谭道明译，南京：译林出版社2013年版，第36页。

③ 江时学：《“第三波民主化浪潮”后拉美政治发展进程的特点》，《国际政治科学》2009年第1期，第2页。

是在 20 世纪的后 25 年里先后开启了民主政治的大门，有了现代宪法、政党政治和竞争性选举，并大大弱化甚至摆脱了军人集团的政治影响。

然而，相比于西方较早经历的民主实践，非西方世界的民主历程不仅起步晚，而且曲折动荡。威亚尔达怀疑那些只有 10 年或 20 年民主历史、经济上践行重商主义和国家主义、政治上厉行威权主义长达 490 年的拉美国家，会突然间成功地形成市场经济和多元主义、自由主义的政治。[①] 第三世界其他国家与拉美地区一样，大都有着深厚的世袭制、个人统治、家族政治和庇护主义的历史根基，东南亚诸国更是面临着多宗教、多族群等文化因素对民主政治的消解。法里德·扎卡里亚（Fareed Zakaria）认为世界范围内出现了一种“不自由的民主”，从秘鲁到巴基斯坦，从加纳到委内瑞拉，经过民主选举出来的政府经常会越过宪法对其权力的限制，侵犯、剥夺公民的基本人权。[②] 许多非西方国家的民主实践表明，仅以选举定义的民主并不能使它们走上西方国家的自由民主道路，它只是将那里的人们带进乔万尼·萨托利（Givovanni Sartoni）所说的“一个民主观混乱的时代”,[③] 最终被迫接受民粹主义的荡涤。

对于这些在西方的引领和示范下努力走上民主之路的发展中国家来说，竞争性选举、政党政治所代表的民主带来了民粹主义滋生所需要的冲突社会、分裂社会。汉斯彼得·克里西（Hanspeter Kriesi）等人总结了传统国家在现代化过程中可能出现的四种分裂，一是中心与边缘的分裂；二是宗教的分裂；三是城市和农村之间的分裂；四是工人阶级和资产阶级的分裂。[④] 从结果来看，这些内在的结构性分裂不仅带来意识形态争论，更带来了普遍暴力，导致政治动荡、经济衰败和社会断裂，这是民粹主义滋生的沃土。爱德华兹认为拉美现代经济史是一部缓慢增长、危机、不平等和贫困的历史，拉美国家在民主发展之路上经历了经济和政治阵痛、专制的政客和暴君、接二连三的政变等种种考验。[⑤] 泰国从 1932 年

---

① 霍华德·J. 威亚尔达：《拉丁美洲精神：文化与政治传统》，郭存海等译，杭州：浙江大学出版社 2019 年版，第 369 页。

② 法里德·扎卡里亚：《自由的未来》，孟玄译，上海：上海译文出版社 2014 年版，第 9、85 页。

③ 乔万尼·萨托利：《民主新论》，冯克利、阎克文译，上海：上海人民出版社 2009 年版，第 18 页。

④ 汉斯彼得·克里西等：《西欧新社会运动：比较分析》，张峰译，重庆：重庆出版社 2006 年版，第 28—35 页。

⑤ 塞巴斯蒂安·爱德华兹：《掉队的拉美——民粹主义的致命诱惑》，郭金兴译，北京：中信出版集团 2019 年版，第 23 页。

人民党发动民主革命到2017年的80多年时间里，颁布过20部宪法，经历过军人集团发动的19次军事政变，其中12次成功夺权，但却都没有使泰国从“集权—民主—再集权—再民主”的历史怪圈走出来。① 印度尼西亚在2004年选举后完成了西方学者如胡安·J. 林茨（Juan J. Linz）、阿尔弗莱德·斯泰潘（Alfred Stepan）和亨廷顿等人所界定的民主转型，进入民主巩固阶段，但是庇护主义、血缘关系等传统政治价值依然根深蒂固，政治民主化所需要的现代性远没有形成。

在非西方国家的民主历程中，选举和政党等政治元素的引入迅猛而激烈，传统社会还未来得及在社会、经济和文化上开始现代调适，就在政治上被精英分子广泛动员起来，大众政治参与的热情空前高涨。在那里，现代化转型所需要的社会变革能在多大程度上成功，越来越“取决于民众动员的规模和水平，取决于旧的经济关系和社会关系被扫荡的范围和深度，还取决于精英分子形成权威和整合社会的能力”②，大众政治权力的实现不仅体现于正式制度内的投票，更体现于正式制度之外的政治抗议、街头运动，以及政治精英为了实现特定目标而“诉诸人民”的策略和运动中。在很多发展中国家，当现代政党尚未作为一种成熟的政治角色出现时、当政治转型刚刚开始时，民粹主义事实上已经出现了。

二　威权民粹主义：传统势力、新立宪主义与多阶级联盟

考察民粹主义在非西方国家的独特表现，必须置其于传统政治向现代政治的历史转型中。第二次世界大战结束以来，西方世界对落后国家走上自由民主之路有着极高的期待并不遗余力地输出民主价值，干预这些国家的政治发展，但是非西方国家的政治表现常常令西方失望，卡扎里亚关于“不自由民主”的评价背后就是这样一种失望情绪。因此，威亚尔达认为应该建构一种周期理论，用以解

① 常翔、张锡镇：《新宪法出台与泰国政治走向分析》，《东南亚研究》2017年第3期，第10页。

② 陈明明：《所有的子弹都有归宿——发展中国家军人政治研究》，天津：天津人民出版社2003年版，第182页。

释非西方国家如何从官僚威权的传统政治中走出，拥抱民主，在经历了一种激荡亢奋的民主实践之后，又回到威权政治的老路。[①] 20 世纪 60 年代以来，拉美和东南亚的民主政治确实表现出威亚尔达所概括的周期性特征，如拉美走过了所谓“官僚威权—民主政治—威权民主”的演进历程，而泰国、印度尼西亚、菲律宾、马来西亚等东南亚国家则经历了“军人政权—文官政权—军人政权”的反复。在泰国，以 1998 年他信执政为节点，国家的权力结构经历了“泰式民主—西式民主—泰式民主”[②] 的两次重大反转。

在拉美，被打上过民粹主义标签的政府包括早期的阿根廷庇隆政府、巴西瓦加斯政府，也包括较近时期的秘鲁藤森政府和委内瑞拉的查韦斯政府，威亚尔达认为这些政府追求的是一种融合了形式民主、强势政府、民族主义和民粹主义/民众主义的体制，因此很难称为民主政府。[③] 在西方的标准下看，非西方各国实践的是一种完全“不合格”的威权民主，或者是带形容词的民主，如“有限民主、监护式民主和受控民主、法团式民主和卢梭式民主”[④]，泰国实践的则是一种倒退回威权传统的“泰式民主”。正是在这样一种带形容词的民主实践中，民粹主义相伴而生并“感染”了其中的威权主义特质，发展成为一种所谓的威权民粹主义。关于非西方国家中民粹主义与威权民主的独特关联，可以从以下三个重要维度进行解读。

（一）传统势力、政党制度与民粹主义的体制外空间

根据发展主义的一般理论，制度贫乏会导致长期平庸。弗朗西斯·福山（Francis Fnknyama）曾指出，“发展差距最重要的根源之一就是拉美脆弱的制度”,[⑤] 詹姆斯·罗宾逊（James Robinson）也认为“对拉美经济发展轨迹的最佳

---

① 霍华德·J. 威亚尔达：《拉丁美洲精神：文化与政治传统》，第 368—405 页。

② “泰式民主”是 20 世纪 60 年代泰国威权政府沙立提出的政治概念，其核心观念是要坚持传统智慧，探索政治本土化发展道路，反对照搬照抄“西式民主”。对于泰国政治中的保守派与自由派阵营而言，泰式民主的意义是不同的，前者相信它是泰国特色的君主立宪制的代名词，体现了本土主义和传统主义价值；后者则认为“泰式民主”是专制独裁的修饰语。参见周方冶：《泰国政党政治重返“泰式民主”的路径、动因和前景》，《东南亚研究》2019 年第 2 期，第 7—8 页。

③ 霍华德·J. 威亚尔达：《拉丁美洲精神：文化与政治传统》，第 390 页。

④ 霍华德·J. 威亚尔达：《拉丁美洲精神：文化与政治传统》，第 397 页。

⑤ Francis Fukuyama, *Falling Behind: Explaining the Development Gap between Latin America and the United States*, New York: Oxford University Press, 2008, p. 284.

解释就是制度"①。制度化水平对于政治与经济发展有着至关重要的影响，制度不健全意味着权力结构不完善，政治过程不正规，没有相应的法律和秩序来保护产权，经济增长缺乏制度保障，政治发展的体制外空间十分广阔。在非西方世界，从20世纪中后期直到21世纪的全球化时代，政治制度建设还普遍存在水平低、不完善和不稳定的情况。

从结构性根源来看，许多国家的政治体系仍然具有传统的威权主义性质，政党政治的制度水平低，传统政党代表民意的意愿和能力有限。这种情况在拉美和东南亚尤其典型。1967年，美国学者查尔斯·安德森（Charles W. Anderson）曾在拉美刚刚走上民主化道路之时，考察过拉美政治过程和政治体系的发展路径，认为拉美政治与美国相比更不正规、制度化水平更低，暴力、政变和革命是政治过程中不可分割的一部分，军队不一定总是从属于文官政府，社会的构成元素是各种"权力竞争者"（即威亚尔达的"法团组织"，或亨廷顿的"普力夺社会"的参与主体），由于中央政府会提供就业、帮助、恩庇和福利，这些"权力竞争者"围绕中央政府开展活动，都试图成为掌权者。② 在21世纪的今天看来，拉美国家的政治体系确实有了很大完善与发展，其模范者有智利、巴西等国，因此安德森当年的描述似乎已不完全适用，尤其是他没有预判到军人集团的退场和社会主义左翼的长期影响。然而，拉美政治体系的传统基础并没有彻底崩塌，诸如"政治恩庇、相互义务和'恩惠'传统而非不带人情味的民主"仍有重大影响，③ 这种政治文化至今仍然鼓励某些"权力竞争者"越过制度藩篱直接与民众对话、争取他们的支持。拉美绝大多数民粹主义领导人受到社会主义、法团主义意识形态的影响，他们背后没有一个强大的政党支持来赢得议会多数，所以必须直接诉诸人民尤其是劳工阶级的支持。巴西的民粹主义奠基人瓦加斯在即将被军队赶下台前才组织了民粹主义政党——巴西劳工党（PTB）。在东南亚，泰国在1932年民主革命后二十多年才有《政党法》，直到1998年他信的泰爱泰党成立之前，泰国政党都缺乏清晰确定的执政纲领或政策，就连最老牌的民主党也缺乏

① James Robinson, "Latin American Equilibrium," in Francis Fukuyama, ed., *Falling Behind: Explaining the Development Gap between Latin America and the United States*, New York: Oxford University Press, 2008, pp. 161 - 193.

② Charles W. Anderson, *Politics and Economics Change in Latin America: The Governing of Restless Nations.* Princeton: D. Van Nostrand, 1967, chapters 2 - 4.

③ 霍华德·J. 威亚尔达：《拉丁美洲精神：文化与政治传统》，第345页。

严格意义上的发展理念或指导方针。[①] 泰国的政党带有明显的利益集团性，缺乏意识形态基础，政党凝聚力基于党魁和庇护—依附关系，政党组织涣散，极不稳定且短命。由于军方频繁政变并上台执政，泰国的政党政治多次被打断，中小政党也常常是勃兴忽亡，他信系的政党是一再解散一再成立（从泰爱泰党到人民力量党再到为泰党）。卢西恩・W. 派伊（Lncian W. Pye）曾这样评价，“假如不是因为其他东南亚国家政党制度的缺陷，很难说泰国有完整的政党制度”[②]。印度尼西亚政党的表现更不如泰国，政党在政治体制中处于主导地位的时间很短，长期的威权政治严重抑制了政党活动的制度化，造成了政党活动的不规范和各种政治腐败，印度尼西亚社会出现了普遍的反政党情绪，多达 72% 的印度尼西亚人认为政党的腐败最为严重。[③] 菲律宾的政党制度则被认为是一种“迷宫式”的多党制，它们既不是民意的代表，也不是基于意识形态、政治议题而组织起来的团体，与普通民众的联系是松散的、脆弱的。[④] 由于这些国家的政党制度以多党制为主，小党林立，政党间分化组合十分频繁，政党代表性功能不健全，因此，民意表达通常呈现为非组织化的无政府状态。

与低水平的政党制度相随的，是传统威权势力如军人集团和王室的干政传统。塞缪尔・E. 芬纳（Samnel E. Finer）认为在文官组织和政党强大的政治体系中，权力转移相对有序，军人的政治作用受到一定的约束，而相反的话，若政党组织软弱而且数量稀少，军人的政治活动范围就极为广阔。[⑤] 威亚尔达把军人干政看成是两股社会力量博弈的结果，“军队与公民社会两者的力量此消彼长；当军队开始逐渐失去公信力，公民社会的力量就占据上风；而当公民社会略有优势时，军队则准备着强大的进攻”[⑥]。众所周知，拉美官僚威权制度的根基深厚，军人干政传统十分悠久，这既是殖民时期考迪罗政治的延续（虽然 20 世纪拉美

---

① 常翔、张锡镇：《新宪法出台与泰国政治走向分析》，《东南亚研究》2017 年第 3 期，第 3 页。

② 卢西恩・W. 派伊：《东南亚政治制度》，南宁：广西人民出版社 1993 年版，第 81 页。

③ International Republican Institute, "IRI Indonesia Poll Shows Concern Over the Economy and Corruption," http://www.iri.org/resource/iri-indonesia-poll-shows-concern-over-economy-and-corruption.

④ Andreas Ufen, "Political Party and Party System Institutionalization in Southeast Asia: Lessons for Democratic Consolidation in Indonesia, the Philippines and Thailand," *Pacific Review*, vol. 21, no. 3, 2008, pp. 327 – 355.

⑤ Samuel E. Finer, *The Man on Horseback: The Role of the Military in Politics*, London: Penguin Books Ltd., 1975, p. 18.

⑥ 霍华德・J. 威亚尔达：《拉丁美洲精神：文化与政治传统》，第 372 页。

军人政权在形式上已完全不同于考迪罗[①])，也是20世纪拉美民主历程中的各种政治危机的产物。在民主化的早期，拉美军队即被赋予了监督政治进程、在危机时期取代文官政府的政治功能，虽然出于政治与专业两方面的综合考虑，军队在第三波民主化浪潮中逐渐退出政治舞台，但是军人干政留下的官僚威权传统仍然无法完全从政治实践中抹去。泰国军人集团的政治影响要比拉美深远持久得多，这既是军人与王室两股强大的传统权力合作的结果，也是泰国文人政府软弱无力、政党集团严重冲突所致。在历史上，泰国军人集团不仅在1932年推翻君主专制的民主革命中发挥关键作用，而且在此后长期把持政权，成为政坛的主导力量之一，泰国也因而成为世界上军事政变最多、政府更迭最频繁的国家之一。虽然1992年以后，泰国进入较稳固的文人和政党主政时期，但当他信系执政引发黄衫军与红衫军的全面、长期对抗时，军人集团又“重出江湖”，在2006年和2014年两次发动政变并成立军政府，直接冲击泰国的政党政治。

从拉美和东南亚的经历来看，在民主进程开启之后，军人集团（包括泰国的王室集团）等传统威权势力不仅没有退出政治舞台，反而是长期参与、干预民主化进程，传统威权主义与民主政治的不断融合，发展出一种无法用西方的自由民主定义的民主形态，即威权民主。以西方的标准来看，威权民主具有一元化的集权倾向，其制度化程度通常较低，这种民主形态一方面鼓励了那些无法在体制中获得足够竞争空间的政治势力寻求体制外的民众直接支持，因为制度贫弱使得反体制成本较低；另一方面也为威权统治者提供了超越制度行使权力的机会，“在权力制衡机制比较弱的国度，具有民粹主义倾向的总统有能力实施各种政策，而无须通过太多的争论及通过立法程序”[②]。

（二）新立宪主义、全民公投与广泛政治参与

非西方国家的传统威权政治表现为权力集中于某个人或某个集体，其内在的集权化倾向与民粹主义对克里斯玛型领袖的依赖很容易重合共生。在民主选举的

① 考迪罗或考迪罗主义是指拉美地区在殖民统治时期形成的一种军事政治独裁和暴力统治的制度，考迪罗拥兵自重，与大庄园、教会相结合，深深卷入政治之中并致力于建立军人主导的政权。美国学者罗伯特·L. 吉尔摩（Robert L. Gilmore）认为“考迪罗主义可定义为目的在于夺取政权的个人主义和暴力的结合”。参见 Simon Collier, ed., *The Cambridge Encyclopedia of Latin America and the Caribbean*, Cambridge University Press, 1985, p. 306.

② 塞巴斯蒂安·爱德华兹：《掉队的拉美——民粹主义的致命诱惑》，第195页。

政治生态下，民粹政治精英常常把社会成员划分为“我们”和“他们”两个敌对的阵营，通过召唤“我们人民”来掀起反对“他们敌人”的斗争，实现掌握政治权力的目标，这种以大众民主为诉求的民粹政治运动与威权政治体制相互利用、相互成就。亨廷顿认为，“在发展中社会，政治精英很少会把政治参与的扩大确立为首要目标。政治参与扩大的程度，主要反映政治参与作为实现其他目标的手段的程度，或作为实现其他目标的副产品的程度”①。这里的“其他目标”无疑包括掌握甚至垄断政治权力。在拉美，民粹主义领导人如藤森、科洛尔和查韦斯在议会内都受到占多数席位的反对派的制约，他们体现“人民意志”的行动受到一定的制度阻碍，因此，他们直接诉诸人民的支持，通过扩大直接民主和采取直接行动，改变制度运行的游戏规则。

在 20 世纪的拉美和东南亚，威权政治体系的一个共同特点是宪法成为改变政治游戏规则和确保权力合法性的重要途径。这些国家的民粹主义领导人需要通过选举掌握权力，还需要利用法律程序拟定新宪法，在这两方面，民粹主义的大众动员策略都发挥了重要作用。在过去十多年中，拉美的委内瑞拉、厄瓜多尔和玻利维亚纷纷通过了新宪法，尼加拉瓜则通过了一项法律，允许立法部门启动修改宪法的工作，拉美的“这三部新宪法的拟定都是为了重建这些国家，承认土著居民拥有一些不可剥夺的权利，向民众（特别是穷人）和地区利益集团赋予大量具体的经济权利”②。法学家文森诺·帕斯托（Viciano Pastor）和鲁本·马丁内斯·德尔莫（Rubén Martínez Dalman）认为现代拉美宪法是未完成的文件，时刻有可能被真正拥有主权的人民修改，造成这一状况的原因在于拉美普遍奉行一种“新立宪主义”，相信宪法应该是不断变化的公文，可以快速灵活地适应新的政治形势，应该易于被修改和改良，而不应该期待它们历经十年而没有任何重大的变化。③ 东南亚国家是否有自己的“新立宪主义”尚有争议，但是泰国频繁的立宪废宪史确实是有目共睹的，从 1932 年民主革命到 2017 年的 85 年间，泰国先后已有过 20 部宪法（包括临时宪法），平均每四年多就推出一部宪法，仅 1991 年就先后颁布了两部新宪法；但是这么丰富的制宪经验却没有带来现代法

① 塞缪尔·亨廷顿、琼·纳尔逊：《难以抉择——发展中国家的政治参与》，汪晓寿、吴志华、项继权译，北京：华夏出版社 1989 年版，第 43 页。

② 塞巴斯蒂安·爱德华兹：《掉队的拉美——民粹主义的致命诱惑》，第 196 页。

③ 塞巴斯蒂安·爱德华兹：《掉队的拉美——民粹主义的致命诱惑》，第 197 页。

治，在泰国民众那里，法治的概念长期没有被接受，直到2007年的宪法才第一次提到这一概念，该部宪法称："全国立法会议、内阁、法院，以及其他国家机构必须依据法治来行使主权。"① 首次强调"一人一票"制的1997年宪法虽然被称为民主宪法，但是也没有发展出有序稳定的法治秩序，泰国的不同政党集团以及军队和王室等传统势力，要真正接受宪法的最高权威，仍需要一个复杂斗争的过程。其他东南亚国家如印度尼西亚、菲律宾、马来西亚等国虽然没有这么频繁的制宪、修宪史，但是接受宪政理念和法治精神的过程一如泰国那样曲折动荡。

在拉美、东南亚的发展中国家中，宪法废立之所以频繁，除了"新立宪主义"使得修宪的制度屏障较低之外，还因为修宪需要的民意支持比较容易获得。在这些国家，修宪的实现常常要依赖全民公决，后者则被认为是最直接的将政治家与民众相联系的方式。全民公决是指公民就政治家提出的特定议题进行全民投票，一方面能够体现个人化的魅力领袖在动员民众和凝聚民意方面的作用；另一方面则体现追随者对政治领袖的直接的、非制度化的支持。民粹主义政治家需要用全民公决的方式使自己的制度变革合法化，"在民众对现状不满或缺乏表达诉求的合法途径时，民粹主义者通常会在全民公决式的联系中达到目的"②。库尔特·韦兰德（Kurt Weyland）根据对拉美民粹主义的观察，认为民粹主义是一种谋取或行使政府权力的政治策略，民粹主义者的目的在于通过使用反建制的诉求和全民公决式的联系来获得大量的、无组织的追随者的支持。③ 对比来看，在制衡和否决机制较为严厉的西方，民粹主义政治家很难与民众建立全民公决式的联系，但是非西方国家中受到推崇的民主观念则更强调广泛的政治参与，更多地依靠公众集会和半仪式化的方式将民众纳入政治领域。在委内瑞拉，查韦斯依靠宪法之外的公民投票程序，选举产生宪法大会，查韦斯和他的支持者声称委内瑞拉已建立了一种参与式民主，长期以来被传统政治家所忽视的普通民众终于得以直接参与治理。事实上，查韦斯"所采用的方法核心是借助于全民公投来改变既有机制，取消制衡，将权力集中在手中"④。查韦斯的做法被其他拉美左翼民粹主义领导人一再效仿，莫拉莱斯、科雷亚和塞拉都召集了制宪会议，并对新宪

① 泰国2007年宪法：Constitution of the Kingdom of Thailand，B. E. 2550，2007。

② 张芯瑜：《政治学中拉美民粹主义概念辨析及界定》，《拉丁美洲研究》2019年第3期，第132页。

③ Kurt Weyland："Clarifying a Contested Concept：Populism in the Study of Latin American Politics，" *Comparative Politics.* vol. 34，no. 1，2001，p. 14.

④ 库尔特·韦兰德：《拉美的威权主义趋向》，《国外理论动态》2014年第11期，第67页。

法进行了公投，莫拉莱斯还背弃了关于不在2014年实施新宪法的承诺，极大地增强了权力。但是，2014年通过军事政变上台的泰国巴育政权就没有这么顺利，2017年的新宪法公投只有59.4%的投票率，并且反对意见高达38.65%，在泰国，宪法常常有，但却无法形成稳定的最高权威，围绕着立法、修宪的政治分歧仍然十分严重。

（三）多阶级联盟、克里斯玛型领袖及其社会基础

民粹主义政治是一种建立在广泛政治参与基础上的大众政治，在政治实践中常表现为多阶级、跨阶级联盟。保罗·德雷克（Paul W. Drake）认为，民粹主义的重要特征之一是它依赖不同阶级的联合，主要是工人阶级，但也包括上层阶级的一部分，并由后者所领导。[①] 德雷克的判断主要建立在拉美的经验之上，事实上在非西方国家，民粹主义与威权主义的结合体现了类似的因果关系，即“多阶级联盟—克里斯玛领袖”关系。早在20世纪六七十年代，依附论学者就指出拉美民粹主义是外围国家发展落后的一个特有的、短暂的现象，具有阶级联盟的特征。[②] 这种阶级联盟是产生克里斯玛领袖的社会条件，也是威权民粹主义背后的大众—精英逻辑。

从大众的角度看，多阶级联盟的形成有其特定缘由。在民主政治中，选举和政党是形成广泛政治参与的重要手段，亨廷顿曾比较5种低收入者政治参与模式，从中论证了政党的动员功能。他认为在发展中国家，虽然城市和乡村底层民众的政治参与因为社会发展程度不同而有所不同，但是，他们有一个共同特点，即都是动员参与，而不是自动参与，主要是通过恩庇—依附的传统关系或跨阶层/种族的政党动员来实现，因此，“穷人常常以跨越阶级界线的问题或忠诚为基础而介入政治”[③]。表面上看，动员参与确实反映了草根大众在权力结构中所处的被动位置，但是大众并非完全被动，他们被政党或政治精英动员起来支持民主，而当民主“既没有兑现社会和经济改革的承诺，也没有带来大众期望的即

① Paul W. Drake, “Conclusion: Requiem for Populism?,” in Michael L. Conniff, ed., *Latin American Populism in Comparative Perspective*, Albuquerque: University of New Mexico Press, 1982, p. 218.

② 张芯瑜：《政治学中拉美民粹主义概念辨析及界定》，《拉丁美洲研究》2019年第3期，第127页。

③ 塞缪尔·亨廷顿、琼·纳尔逊：《难以抉择——发展中国家的政治参与》，第59、131—132页。

时的改善，普遍的幻灭感会普遍产生”①。当劳工、农民和其他中下层群体普遍对民主制度、政党政治产生不满和疏离时，他们更容易对强大的、威权的和公平的家长式政治强人产生信任和依赖，愿意与政治强人及其代表的精英集团结成联盟。

从精英的角度看，克里斯玛型领袖的出现有其特定的政治与社会条件。政治精英在什么情况下考虑直接诉诸人民支持呢？在发展中国家，如果存在政治制度化水平相对较低、传统政党的代表性不高、民众对政党信任度不高等情况时，直接求助人民可以立即得到足够的合法性支持。塞巴斯蒂安·爱德华兹认为，发展中国家的民粹主义领导人在行动时通常会超越传统的政党范围，直接寻求民众对特定政策的支持。② 民粹主义事实上代表的并不是单一的工人、农民或中产阶级的利益，而是多阶级利益，因为这些不同阶级都可能共同对通货膨胀或收入分配产生不满，但是，由于他们之间必然存在利益冲突，维系民粹主义政权就依赖于个别领导人的个人权力和个人魅力。③ 克里斯玛型领袖能够与多阶级、跨阶级的民众直接对话并与他们结成某种政治联盟，一方面需要有利的政治条件，即现行政党未能有效代表他们，而现行体制没有提供足够的表达诉求的途径；另一方面需要强烈的政治动机，为了掌握权力或维持合法性，所有领袖精英都需要在体制内竞争与体制外动员两种路径中选择，或者二者兼顾。

早在20世纪30—50年代，庇隆、瓦加斯和卡德纳斯等拉美政治家就将民粹主义与拉美政治紧密联系在一起了；东南亚民粹主义运动晚至20世纪90年代才出现，但也轰轰烈烈，引发了全球关注，比如泰国黄衫军与红衫军旷日持久的对抗。这两个地区的民粹主义有诸多的不同，但都具有多阶级联盟的特点，并且涌现了众多闻名世界的克里斯玛型政治领袖。由于拉美的工业化、城镇化发展较早，劳工阶级队伍庞大，民粹主义不仅普遍具有左翼色彩，而且也主要表现为上层精英群体与劳工阶级的联盟。东南亚的农业传统十分深厚，劳工阶级无论是规模或是斗争性都远不如拉美，因此常常表现为政治精英与农民阶级之间的联盟，在泰国，支撑他信系的就是“新兴资本集团＋农民群体”的政治联盟，他信系

① 霍华德·J. 威亚尔达：《拉丁美洲精神：文化与政治传统》，第389页。

② 塞巴斯蒂安·爱德华兹：《掉队的拉美——民粹主义的致命诱惑》，第177页。

③ 托马斯·E. 斯基德莫尔、彼得·H. 史密斯：《现代拉丁美洲》，江时学译，北京：世界知识出版社1996年版，第66页。

因此在泰国权力结构中占据了压倒性政治优势。与此同时，两个地区被贴上民粹主义政治家标签的魅力领袖则是数不胜数，当然，拉美的名单要比东南亚长得多，比如早期有阿根廷的庇隆、巴西的瓦加斯、智利的阿连德、墨西哥的卡德纳斯等左翼民粹主义者，近期有秘鲁的藤森、阿根廷的梅内姆等新民粹主义者，以及委内瑞拉的查韦斯和马杜罗、玻利维亚的莫拉莱斯、厄瓜多尔的科雷亚等左翼民粹主义者，2018 年当选巴西总统的博索纳罗被认为是右翼民粹主义者，但他的魅力领袖形象还值得怀疑。在东南亚，最著名的民粹主义政治家自然是泰国的他信，其他令人印象深刻的民粹主义魅力领袖还有印度尼西亚的佐科、菲律宾的埃斯特拉达及杜特尔特等。

三　福利民粹主义：向贫困与不平等开战

民粹主义常见于街头政治或大众动员之中，但它也可能表现为一种政权实践，出现在政府的施政策略中。前墨西哥外交部长、美国纽约大学政治学教授豪尔霍·G. 卡斯塔涅达（Jorge G. Castaneda）认为，拉美民粹主义常常得以执政，或者非常接近政权。[①] 在非西方国家，以拉美和东南亚的泰国为典型代表，民粹主义对国家大政方针、发展方略产生过重要影响，民粹主义理念与特定的经济政策紧密相联，成为一种独特的经济发展模式。民粹主义的经济主张非常鲜明直接，可以高度概括为主张国家干预、经济增长、高福利和再分配等。20 世纪 90 年代后期民粹主义在非西方国家（拉美的粉色浪潮、泰国的他信执政）的盛行，实际上是对资本主义全球化、新自由主义改革的一种逆反和修正，福利民粹主义的概念被提了出来，成为一种从经济学角度来解释的民粹主义。

（一）“政府照顾你”：福利民粹主义的选择与困境

无论在西方还是非西方，民粹主义的兴起都与底层贫困问题、中下层普遍的经济焦虑问题直接相关，是财富集中、分配不均引发民众反抗的结果。拉美和东南亚都是人口众多、自然资源丰富、传统文化独具特色的地区，但始终未能顺利走上现代化发展之路，贫困与不平等的长期存在正是这些国家政治衰败、经济增

① 豪尔霍·G. 卡斯塔涅达：《拉丁美洲向左转》，《国外理论动态》2006 年第 12 期，第 28 页。

长乏力和治理能力低下的结果。哥伦比亚早在1938年就成为拉美第一个对收入分配进行系统研究的国家，当时它的基尼系数已达0.45，是当时的世界最高值之一，但在拉美地区却只是一种正常状况。拉美各国的不平等状况一直没有得到缓解，甚至在军事独裁结束之后的20世纪90年代，主要国家的基尼系数几乎都升至0.5以上（乌拉圭稍好，但已达0.41，巴西则达到危险的0.65）。[①] 尽管基尼系数高并不等于成为“失败国家”，但“失败国家”一定存在严重的贫穷与不平等现象。在拉美，人们认为资本主义和全球化是导致这种不幸境遇的根本原因，尤其是新自由主义改革没有真正实现经济增长和稳定繁荣，反而导致了失业率居高不下和贫困线以下的家庭激增。

福利民粹主义认为偏重资本与市场的经济政策会导致贫困和不平等，只有国家具有解决贫困和不平等问题的动力与能力。沃尔特·李普曼（Walter Lippmann）指出，民众作为一个整体，支持集权统治，但总是无法在整体上驯服资本主义，因为资本主义长期汇聚起来的力量非常多。[②] 被贫困和不平等压迫的中下层民众只能寄望于国家，国家则有此资本，因为它在威权传统深厚的发展中国家通常扮演着非人格化的家长角色。威亚尔达认为在拉美，国家的角色仍然是教父、世袭主义者、恩庇和资助的分配者，国家的形象是家长式的，比如在乌拉圭，由于早期发达的社会福利历史，民主在那里被定义为“福利主义”，意即“政府照顾你”[③]。非西方社会的民众不得不依赖国家来解决贫困与不平等问题，那么国家的政治代表性大小就取决于它对经济增长的推动和对收入分配的干预。20世纪90年代以来，拉美地区并没有因为新自由主义的市场化改革而实现经济增长，作为样板国家的智利也只是勉强达到3.9%。联合国开发计划署的一项关于威权与民主的调查显示，在拉美，高达56%的民众认为“经济发展比民主更加重要”，大约55%的民众表示“会支持威权政府”，43%的民众同意总统以超越法律的方式追求国家利益。[④] 不仅在拉美，在其他发展中地区，类似的情况也普遍存在，即民主更具有实质意义而非程序意义，民主政府的治理绩效决定了民主政治的受欢迎程度。

① 塞巴斯蒂安·爱德华兹：《掉队的拉美——民粹主义的致命诱惑》，第39—40页。

② 沃尔特·李普曼：《幻影公众》，林牧茵译，上海：复旦大学出版社2013年版，第143页。

③ 霍华德·J. 威亚尔达：《拉丁美洲精神：文化与政治传统》，第385、389页。

④ 彼得·H. 史密斯：《论拉美的民主》，第390—392页。

执政合法性依赖治理绩效，这是理所应当的，因为治理绩效低下很难谈得上执政合法性。走民粹主义发展路线的执政者相信最迅速直接的治理绩效可以通过追求经济增长、扩大就业、增加福利、实现公平分配等政策来实现。这些经济政策之所以被贴上了民粹主义的标签，理由在于这些政策被认为具有一种刻意地、片面地迎合民众的政治动机。依附论学者认为民粹主义是一项围绕着“经济增长 + 再分配”而展开的经济和社会政策，经济增长鼓励政治领导人实施包容性的、适度的再分配政策，从而获得广泛的政治支持。① 与依附论者倾向于肯定的立场不同，自由主义经济学家对民粹主义进行了毫不留情的批判，塞巴斯蒂安·爱德华兹和鲁迪格·多恩布茨（Rudiger Dornbusch）在他们的经典研究中同样将再分配视为民粹主义范式的核心，但是认为民粹主义注定是要失败的，因为民粹主义的经济政策过度强调增长和收入的再分配，不重视通货膨胀、财政赤字和外部限制的风险，忽视政府不遵循市场规律的经济政策的负面效应。② 在自由主义经济学看来，通货膨胀、财政赤字和外部限制等问题的恶化，会反过来阻滞经济增长，导致再分配难以持续，最终使得福利民粹主义崩盘。

毋庸置疑，解决贫困与不平等问题最能体现治理能力和治理绩效，也是维持政治稳定和合法性必须面对的挑战。20 世纪 90 年代以来，拉美同时面临现代化与全球化的双重挑战，而到底是民粹主义还是新自由主义，谁更能解决长期存在的贫困与不平等问题，竟然不曾有过定论。自由派学者爱德华兹在其新著中承认了新自由主义并没有帮助拉美国家解决贫困与不平等问题，但认为这不是新自由主义的错，他辩称拉美不平等现象自从殖民时期起就是该地区政治和社会问题的关键了。③ 有学者也认为“自由主义全球化的缺陷是真实的，但民粹主义的替代方案行不通”④。而另一边，福利民粹主义相信问题是资本与市场造成的，因而坚定地将新自由主义视为贫困与不平等的罪魁祸首。拉美和东南亚的情况表明，依赖国家力量的福利民粹主义确实在短期内产生了积极影响，但是由于许多国家

---

① Carlos de la Torre, *Populist Seduction in Latin America*, Athens: Ohio University Press, 2010, p. 2.

② Rudiger Dornbusch and Sebastian Edwards eds., *The Macroeconomics of Populism in Latin America*, Chicago: University of Chicago Press, 1991, p. 9.

③ 塞巴斯蒂安·爱德华兹：《掉队的拉美——民粹主义的致命诱惑》，第 38、185 页。

④ David Brooks, “The Revolt Against Populism,” New York Times, November 21, 2019, https://www.nytimes.com/2019/11/21/opinion/populism-protests.html?_ga=2.159322424.303483557.1578378189-1283335347.1576771378.

不仅难以实现较稳定的和长期的经济增长，而且也很难同时实现经济增长与福利分配的平衡，结果常常是福利超载、通货膨胀，财政扩张政策难以持续，经济出现停滞甚至负增长，贫困与不平等问题更无从解决了。

（二）“粉色浪潮”：拉美左翼民粹主义的重新崛起

从发展主义的角度来看，以低速增长、社会动荡和贫困落后为特征的拉美是不成功的。但是21世纪前后出现的“粉色浪潮”之所以泛出左翼民粹主义的浪花，却是20世纪90年代以来新自由主义改革深陷困境的结果。

拉美在现代化发展道路上可谓命运多舛。20世纪80年代被称为拉美“失去的十年”①，长期的经济低迷造成了严重的社会动荡和政治危机。90年代启动的新自由主义改革志在终结拉美的经济不景气，实现经济增长，但是在开局不久即遭遇不测。1993年墨西哥爆发比索危机，导致中产阶级萎缩、失业率激升、物价暴涨、投资流失，生活水平下降25%以上，这场危机造成的“龙舌兰效应”使得许多拉美国家开始警惕新自由主义改革的政治代价。② 受金融危机影响，各国民众抗议运动此起彼伏，首先爆发的是墨西哥萨帕塔农民武装起义，然后是各种反私有化运动。整个20世纪90年代，拉美地区人均收入下降到70年代初期水平，农村贫困人口高达60%以上，城市失业率远超国际警戒线，高达20%。巴西和墨西哥在1940—1980年的平均经济增长率为6%，但是1980—2000年还不到此前的一半。藤森在秘鲁进行的新自由主义私有化改革相对来说较为成功，帮助秘鲁摆脱了“失去的十年”的阴影，实现了较快速的经济增长，但是秘鲁“经济奇迹”却是片面而难以持续的，贫困和不平等问题仍无解药，处在绝对贫困之中的民众仍然高达25%，首都利马的失业率长期维持在8%—9%的高位，远高于其他拉美国家的平均失业率。③ 由于历史惯性和结构性因素的影响，拉美对经济增长有严重的依赖，而新自由主义在实现经济增长方面并没有天然的优势，反而因为资本和市场的固有规则而导致财富集中、贫富分化，贫困与不平等问题更为恶化，社会冲突与民众抗争频现。墨西哥金融危机之所以令拉美各国惊

① 20世纪70年代拉美国家采用“负债增长”（或称“赤字财政”）的发展战略，导致了80年代普遍的债务危机和长达十年的经济不景气，人均产值是负增长，年均增长率仅为1.0%，人均年增长率为-1.0%，因此人们习惯上把80年代称为拉美“失去的十年”。

② 霍华德·J. 威亚尔达：《拉丁美洲精神：文化与政治传统》，第386页。

③ 江时学：《论藤森现象》，《拉丁美洲研究》2006年第3期，第14页。

恐，是因为这一危机也极易发生在与墨西哥经济结构相似的其他国家，并且会引发连锁危机，即金融危机导致经济危机，经济危机又造成严重的社会危机。重重危机面前，较快的经济增长几无可能。

新自由主义的困境为拉美左翼的重新崛起提供了机会，造成了民粹主义的复归。拉美左翼认为，“拉丁美洲的极端不平等、贫困，以及财富、收入、权力和机会的高度集中，意味着该地区将不得不由中左派来领导”[①]，他们对新自由主义的市场原教旨主义进行了严厉的批判，提出了以国家干预和再分配为中心的福利民粹主义替代方案，掀起了一场向左转的“粉色浪潮”。这一左翼民粹主义浪潮的起点是 1998 年查韦斯赢得委内瑞拉总统大选，紧随其后的是卢拉在巴西和基什内尔在阿根廷分别赢得总统大选，他们上台执政的共同特点都是针对严重的经济危机、贫困与不平等提出了改善收入分配的方案，政策主张中都包含了大受民众欢迎的福利社会和国家干预内容。2005—2006 年，随着玻利维亚、厄瓜多尔、乌拉圭、萨尔瓦多、巴拉圭和秘鲁等国左翼政党胜选上台，“粉色浪潮”达到了高潮。[②] 拉美左翼执政近二十年来，民粹主义经济政策的效果根据不同国家的发展水平、制度结构和领导人偏好的不同而有所不同，巴西、阿根廷、乌拉圭等国的温和左翼政府坚持改良主义导向的新民粹主义，即融合新自由主义与传统民粹主义的主张，努力在市场与国家之间寻求平衡。而委内瑞拉、玻利维亚和厄瓜多尔等国的激进左翼政府则提出“21 世纪社会主义”的根本改造方案，查韦斯政府明确提出要以“21 世纪社会主义”替代新自由主义经济模式和代议制民主制度。[③] 新自由主义认为市场体系是最适合创造繁荣的，市场机制能够把经济增长的成果自动滴漏到弱势群体，整个社会因而得以广泛分享财富。但是拉美民粹主义者不相信公平分配可以通过市场实现，他们也承诺尊重私有财产，但力图借助国家干预进行再分配，最终实现社会经济平等。从当前拉美多数国家经济乏力和社会动荡的现实来看，新自由主义和民粹主义都不能完全解决拉美经济增长不足的问题，而没有足够的经济增长，无论是靠市场还是靠国家，都不能彻底解决贫困和不平等问题。

---

① 豪尔霍·G. 卡斯塔涅达:《拉丁美洲向左转》,《国外理论动态》2006 年第 12 期，第 27 页。

② 彼得·H. 史密斯:《论拉美的民主》，第 392 页。

③ 方旭飞:《拉美左翼对新自由主义替代发展模式的探索、实践与成效》,《拉丁美洲研究》2019 年第 4 期，第 106—107 页。

（三）“他信经济学”：东南亚福利民粹主义的典型实践

东南亚没有拉美那样悠久的民粹主义传统，没有左翼政府长期执政的经历，政党政治的历史也不如拉美长久。但是两个地区共同面临经济落后、增长不足和分配不公等发展问题，福利民粹主义在东南亚的出现反映了相关国家现代化进程中的结构性困境，其中，泰国他信系执政（他信、英拉）和福利民粹主义性质的“他信经济学”的实践尤为典型。

经济落后的发展中国家一般存在城乡二元的经济结构，泰国也不例外。泰国至今仍是一个典型的农业国，60%—70%的人口是依赖农业经济的农民阶层；城镇化进展滞后，2005年，泰国城镇化率比世界城镇化率低了将近16%，比东南亚城镇化平均水平也低了11.5%。[①] 泰国工商业主要集中在首都曼谷及其周边地区，贫富分化十分严重，据统计，2007年，占人口20%的最贫穷泰国民众拥有的资产仅占全国总资产的4.3%，而占人口20%的最富有泰国民众却占有了全国总资产的54.8%。[②] 2013年，泰国540万贫困人口中有88%分布在农村地区，尤其是北部和东北部地区。[③] 二元经济结构造成了严重的社会不平等，使泰国陷入所谓的“缪尔达尔陷阱”，即发展中国家片面追随西方工业化，导致那些不能与产业资本结合的农村劳动者的福利降低，而有机会与产业资本结合的城市劳动者则提高了福利，这种情况导致了繁荣的城市与停滞不前的农村之间的巨大差距。[④] 泰国城乡二元对立的经济结构及其造成的贫困与不平等问题，为他信的民粹主义政治动员提供了机会。

由于泰国的1997年宪法突显了一人一票制的西式民主，他信以其为宪政依据，在泰国农村地区进行了广泛的选举动员，承诺解决城乡差异和分配不公等问题。2001年，他信上台执政，成为泰国历史上第一位认真关注农村和农业问题的总理。他的惠民政策主要面向农民，包括“30泰铢治百病”“乡村发展基金

---

① 李培：《泰国城市化过程及其启示》，《城市问题》2007年第6期，第86—91页。

② Niyom Rathamarit, "Some Observations about Election and Political Parties in Thailand," in *Citizenship and the Future of Thai Democracy*, published by King Prajadhipok's Institute Congress XIII, Thailand, 2012, p. 123.

③ 周少来：《民主制度如何才能成熟和稳定？——泰国“民主困境”剖析》，《当代世界》2014年第3期，第44页。

④ 冈纳·缪尔达尔：《亚洲的戏剧——南亚国家贫困问题研究》，方福前译，北京：商务印书馆2015年版。

计划”“一村一品计划”以及“贫者有其屋计划”等大规模扶贫开发项目，涉及医疗保险、乡村发展和福利保障等多方面，具有明显的福利民粹主义特色。这一系列通过改变国家资源分配模式来争取农民支持的政策措施不仅激发了农民群体的政治觉醒，而且确立了他信及其背后的新兴资本集团与“红衫军”之间的多阶级联盟关系。他信的民粹主义政策在短期内取得了显著效果，仅 2001—2002 年，泰国贫困率和农村贫困率分别从 14.2% 和 19.1% 下降到 9.8% 和 12.6%，基尼系数则从 0.524 下降到 0.511，是泰国 20 世纪 90 年代以来的最低水平。[①] 2006 年他信因政变下台后，他信系的政治力量仍然很难撼动，沙玛政府和英拉政府继续吸纳他信经济学的民粹主义精华，尤其是为泰党的英拉在竞选纲领中提出十大惠民政策，延续了他信扶持农民和城市下层的民粹主义立场，包括提高最低工资、提供教育补贴，以及继续推行“30 泰铢治百病”的医保政策。由于民粹主义的社会经济政策在泰国深得农民的支持，甚至反他信阵营也不得不部分效仿。2007 年大选中，民主党的阿披实向农民和城市贫民承诺将会实行比他信更优厚的倾斜政策。2011 年大选中，阿披实的选举主张包括保证粮食价格、提供免费教育和老年人现金救济等福利政策。2014 年通过军事政变上台的巴育政府也采取民粹主义的福利政策以争取中下层选民支持，实施了低收入群体福利卡政策和各种补贴项目。他信经济学的民粹主义效应在其他东南亚国家也有不同程度的体现，比如印度尼西亚的佐科政府在 2015 年不顾国会反对，宣布了增加国内医疗、卫生、健康和教育投入的惠民计划，通过扩大福利和再分配来实现国家的治理。

四 庇护主义传统：非西方世界民粹主义的文化底色

民粹主义在非西方世界并不是一种原生现象，而是一种对外来刺激的反应，或者说是传统社会应对现代化转型的产物。显然，无论从发生根源、表现形态还是结构性影响等诸方面看，非西方国家的民粹主义都完全不同于发达资本主义国家，而文化因素应该是导致这些差异的根本原因。非西方国家的现代化转型要远远晚于西方国家，传统社会、农业文化的历史基因更为深厚，建立在土地依附或

① 李峰:《他信经济学及其对后他信时代泰国经济政策的影响》，《南洋问题研究》2009 年第 4 期，第 37 页。

封建关系之上的庇护主义传统为民粹主义的兴起提供了独特的政治文化。

（一）底层政治逻辑与庇护主义

考察民粹主义常常需要将其置于精英—民众二元关系结构中，但是如果仅仅把精英看成绝对主导而民众是被动参与，则是一种片面的解读。亨廷顿认为发展中国家的民众政治参与是一种动员参与，但是并没有否认民众参与行为中的理性因素。政治精英、克里斯玛型领袖与中下层民众之间的多阶级、跨阶级联盟也是一种双向的、互相选择的结果。詹姆斯·C. 斯科特（James C. Surtt）认为像革命这样大规模、公开、有组织地导致重大结构性变迁的社会现象，在大部分历史过程中，是极少的，甚至罕见得以成功的。[①] 民众无论是自动参与还是动员参与，大部分的政治活动都是围绕着地方精英、地方政治或地方投票展开的。事实上，理性计算是精英和普通民众进行政治行动的共同依据，底层社会也有其理性考量和政治逻辑，“穷困不堪的人民群众希望他们投票支持的政策能够使他们变得不那么穷”[②]。印度庶民学派代表帕萨·查特杰（Parsha Chtterjee）认为以欧美历史经验为主延伸出来的国家与公民社会的分析框架并不足以描绘和解释世界上大部分地区的真实状况，他反对政治由上层精英主宰和底层无政治的观点，认为由于国家治理机制的差异，弱势人口在实际社会关系中拥有创造非主流政治的民主空间。[③] 在庶民学派看来，那种认为底层民众教育水平低、政治训练少和经验不足，因而容易产生极端主义倾向的判断事实上是片面的。

爱德华·P. 汤普森（Edward P. Thompson）试图论证平民阶级的文化取向如何影响了他们的政治行为，他认为在创新的资本主义过程中，平民更多经历的是各种形式的剥削，或者是剥夺其习惯使用权，或者是猛烈地破坏其受到尊重的劳动和闲暇的方式，因此，平民文化常常带有反叛性，但这种反叛的目的是捍卫习惯。[④] 从这个意义来看，捍卫习惯的使用权通常是中下层民众在现代化转型中追求

---

① 詹姆斯·C. 斯科特：《弱者的武器》，郑广怀、张敏、何江穗译，南京：译林出版社 2007 年版，第 2 页。

② 豪尔霍·G. 卡斯塔涅达：《拉丁美洲向左转》，《国外理论动态》2006 年第 12 期，第 27 页。

③ 帕萨·查特杰：《被治理者的政治——思索大部分世界的大众政治》，桂林：广西师范大学出版社 2007 年版。

④ 爱德华·P. 汤普森：《共有的习惯》，王加丰译，上海：上海人民出版社 2002 年版，第 8 页。

的目标，这无疑有着较鲜明的保守性，可以解释为何他们更容易被反资本主义、反执政精英的民粹主义动员所吸引，更容易接受威权主义政权的保护，“当人民为抗议寻求合法性时，他们时常顾盼一个更加独裁化的家长制社会的规章”①。

在许多发展中国家，这种“家长制社会的规章”常常体现在传统的庇护关系之上。庇护关系是一种前现代的非正式关系，广泛地存在于这些国家的地方政治和全国政治中，魅力领袖与他的广大追随者之间的关系实际上也是一种庇护关系。庇护关系也被称为恩庇—侍从关系，或者保护—依附关系，“在这种关系中，具有较高社会经济地位的庇护者利用自己的权力、权威和影响力，将自己手中拥有的有形或无形的资源分配给那些社会经济地位较低的被庇护者，以换取被庇护者提供的政治支持（如选票、忠诚等）”②。这种关系反映的是一种非正式制度，它可能补充、削弱或替代正式制度，但是在制度化水平较低的政治竞争（选举政治）中，更可能成为一种广泛采用的政治策略，上层的庇护者和下层的被庇护者通过理性的利益交换实现各自目的。③ 民粹主义是一种精英动员与民众参与的双向政治过程的反映，由于传统的庇护文化的影响，精英与民众之间客观上存在某种程度的庇护关系。

（二）拉美民粹主义中的庇护主义：考迪罗与法团传统

从文化上看，民粹主义在拉美的盛行与其长期的殖民地经历有着密切关系。西班牙、葡萄牙殖民统治时期的政治与社会结构呈现出典型的等级制度和依附关系，比如建立在大庄园土地所有制之上的监护征赋制（encomiendas）和强制劳动的米塔制（mita）；而文化与思想则由天主教教义和西班牙、葡萄牙的宗主国政治学说主导，强调专制统治的合理性和精英关心照顾民众的义务。在拉美，殖民统治造成的主仆关系、庇护关系、依附关系不仅出现在农场或庄园等地方层面，同样体现在国家政治层面，这种长期存在的庇护观念和庇护关系奠定了拉美威权主义政治的文化根基。拉美民粹主义奠基人如胡安·庇隆、赫图里奥·瓦加斯和拉萨罗·卡德纳斯等国父级人物在自己国家至今仍被视为工人阶级的保护

---

① 爱德华·P. 汤普森：《共有的习惯》，第 8 页。

② Allen Hicken, “Clientelism,” *Annual Review of Political Science*, vol. 14, 2011, pp. 289 - 310.

③ 林丹阳：《民主制度之“踵”：家族式恩庇侍从与菲律宾政治》，《东南亚研究》2018 年第 5 期，第 20 页。

人，“他们在自己国家的身上印上了自己的烙印，他们的追随者继续加深这种烙印。他们在广大穷人和被剥夺者中总能激起敬仰甚至谄媚”①。在20世纪民主化浪潮的冲击下，传统庇护主义在制度上失去了存在的合理性，但是作为一种观念与文化，它已经变身或移植到新的政治文化如法团主义之中了，尤其是在选举机制的作用之下，表现为以政府职位、政府合同、项目工程和就业机会来招徕和回报选票。② 杨－维尔纳·穆勒（Jan-Werner Müller）分析了委内瑞拉的政权特征，指出该国政权具有鲜明的“威权民粹主义”特点，他认为“民粹主义政权总是带有浓郁的侍从主义（clientelism）色彩，这意味着政权倾向于仅仅给予自己的政治支持者以官位和利益，唯有通过对政权的效忠与服从，人们才能获取所需的经济与政治资源”③。

在拉美，两种深厚悠久的庇护主义传统为威权民粹主义的兴盛打下了文化基础。一方面，殖民时期的考迪罗主义在20世纪的威权主义和庇护关系中遗风犹存。拉美的独立革命终结了殖民统治，但是却无法撼动威权主义的经济支柱即大地产制或大庄园制，建立在封建经济、庄园经济基础之上的政治制度则被称为考迪罗制。这是一种拉美特色的专制统治制度，与君主专制的西班牙殖民主义政治制度一脉相承，只不过是一种没有了君主的寡头独裁制度而已。④ 在拉美人心目中，具有考迪罗风格的强硬政治领袖（如庇隆、瓦加斯）虽然有专制独裁的倾向，但是只有他们才能推进变革进程，带来和平和繁荣，带领国家走出困境，因此，考迪罗式的政治领袖长久以来一直是拉美民众的“救世主”“解放者”，他们能够奇迹般地结束国家和人民的苦难。“拉美人有一种错误观念，认为考迪罗式的政治强人是不可替代的，而这种错误观念极易导致对民粹主义的接受和推崇。”⑤ 进入20世纪的民主时代，考迪罗在制度上已经消失了，但是它为民粹主义运动和克里斯玛型领袖留下了文化基因。

另一方面，拉美的法团主义也体现了一种庇护主义文化，为拉美民粹动员提

---

① 豪尔霍·G. 卡斯塔涅达：《拉丁美洲向左转》，《国外理论动态》2006年第12期，第28页。

② 张森根：《领悟拉丁美洲的相似性和差异性——读“拉丁美洲的政治与发展”》，《拉丁美洲研究》2017年第4期，第145页。

③ 杨－维尔纳·穆勒：《民主真的在危机之中吗?》，2018年11月13日，澎湃新闻，http：//finance. sina. com. cn/roll/2018－11－13/doc-ihmutuea9778405. shtml。

④ 苏振兴：《拉美国家现代化进程研究》，北京：社会科学文献出版社2006年版，第358页。

⑤ 袁振东：《拉美民众主义的基本特性及思想文化根源》，《拉丁美洲研究》2017年第4期，第12—13页。

供了组织动力。霍华德·J. 威亚尔达认为，拉美政治至今还是一种自上而下的等级制威权主义体系，它吸收了法团主义的全部元素，对于自由主义、多元主义等西方民主的核心元素始终是一种消解力量，“被吸收或者被接纳的一直都是最服从政府的那一类法团，否则政府就会建立官方自己的工会和农会，同时压制更加激进、更具威胁的团体”①。因此，法团与威权政治体系实际上也是一种依附、恩庇关系。法团主义在拉美政治中是一种非常复杂和矛盾的现象，它既可以通过对教会、军队、寡头集团、工商阶层、中产阶级的笼络收买以保证政治体系的有效运转，但是也可能因为某些法团如工会和农会的规模过于庞大和难以驾驭，而不得不面临它们的冲击及由此带来的政治动荡。

总体而言，拉美政治体系的建构基础是政治恩庇、相互义务和恩惠传统，建立在这一基础上的权力结构和社会结构孕育、助长了威权民粹主义。直到今天，庇护主义和依附传统仍然在许多拉美国家的政治生活和政治制度中或隐或现地存在。

（三）东南亚民粹主义中的庇护主义：道义经济学与底层选举伦理

东南亚地区除泰国外，都曾有被殖民的经历，与工业化、城镇化起步较早的拉美相比，东南亚的农业传统更为深厚，农业人口更为广众。亨廷顿认为典型的“保护人—依附者”关系就是乡村地主与他的佃户之间的关系，② 东南亚地区建立在封建土地制度之上的农村依附关系非常深刻，庇护主义传统与拉美相比有过之而无不及。

在土地分配严重不均的东南亚，保护人（地主或地方政客）和依附者（农民）之间的关系其实是个别地建立起来的，并以相互不平等的利益交换为基础的庇护关系，“地位更高的保护人提供保护、经济扶助和身份保障，代表依附者与政府当局进行交涉，依附者则以忠诚与服从、偶尔送点小礼物以及政治支持来报答保护人”③。菲律宾早在西班牙殖民者入侵之前，就普遍存在一种由许多家庭结合而成的巴朗盖（barangay）社会，这种前现代的社会体系形成了以效忠和服务于“达图”个人（Datu，即首领、酋长）的主人—依附民

① 霍华德·J. 威亚尔达：《拉丁美洲精神：文化与政治传统》，第 344—345 页。

② 塞缪尔·亨廷顿、琼·纳尔逊：《难以抉择——发展中国家的政治参与》，第 136 页。

③ 塞缪尔·亨廷顿、琼·纳尔逊：《难以抉择——发展中国家的政治参与》，第 135 页。

关系，成为现代菲律宾家族式恩庇关系的早期雏形。[①] 20 世纪后半叶民主政治被引入后，多党竞争的出现为穷苦农民和移居城市的农业工人报答他们的保护人提供了一种新方法，比如在泰国社会，由于庇护关系普遍存在，而施恩和报恩的观念深入民心，围绕着选票的利益交换关系十分常见，他信系在农民中的威望某种意义上说得益于以选举为中心、以利益交换为目的的民粹主义多阶级联盟。

马克·R. 托马森（Mark R. Thompson）以选举投票为考察对象，对菲律宾和泰国在选举过程中出现的民粹主义现象进行了对比分析，发现这两个典型的东南亚国家都存在一种从地方选举发展到全国选举的道义经济学。[②] 道义经济学是一个试图理解下层社会如何建立其政治与经济共享规范的流派，强调底层阶级的政治逻辑与经济理性。早在 1971 年爱德华·汤普森关于英国 18 世纪“食物暴动”的名篇中，道义经济学的概念就已经初步形成，[③] 1976 年，詹姆斯·斯科特在关于 20 世纪东南亚农民叛乱行为的研究中进行了较完整的论述，其理论核心是农村贫困阶层坚持社会关系应建立在确保村社生计的目标上，由于他们所处的脆弱的社会经济环境，他们的社会经济行为都是出于减少风险的动机。[④] 斯科特解释的是东南亚农民以叛乱为谈判筹码的政治经济策略，托马森则试图以道义经济学来解读泰国和菲律宾等竞争性政体中的下层投票行为及其背后的集体共识，他关注下层阶层如何在地方选举，然后在全国选举中以选票来捍卫经济安全、相对体面的生活和获得尊重的权利，“下层人民不认为自己是卖选票给腐败的政客，而认为这是应对边缘经济地位的手段；选举是他们参与其中的交易网络，他们以选票选出自己认为有益本地社区的官员”[⑤]。虽然在精英化的民主语境中，中下层的行动理性常常被无视和贬低，下层阶级被认为没有能力宏观地把握公共利益，但是下层阶级则认为，“选举可暂时实现公平与正义，是选出兑现经济承

① 林丹阳：《民主制度之“踵”：家族式恩庇侍从与菲律宾政治》，第 21 页。

② 马克·R. 托马森：《选举主义中的道义经济学：论菲律宾和泰国民粹主义的兴起》，《南洋问题研究》2017 年第 4 期。

③ E. P. Thompson, “The Moral Economy of the English Crowd in the Eighteenth Century,” *Past & Present*, no. 50, February, 1971, pp. 76 – 136.

④ 詹姆斯·斯科特：《农民的道义经济学：东南亚的反叛与生存》，程立显、刘建等译，南京：译林出版社 2001 年版。

⑤ 马克·R. 托马森：《选举主义中的道义经济学：论菲律宾和泰国民粹主义的兴起》，第 13 页。

诺、满足其需要的‘庇护者’”①。因此，道义经济学派认为，底层阶级常常根据对选举的复杂的道德计算而进行投票，他们有自己的选举伦理和行为逻辑，而有影响力的政客必须依靠拉选票来维持底层选民的长期忠诚。② 这种以底层为主体视角的理论有助于理解发展中国家的庇护关系何以如此牢固，更有助于解释民粹主义政治精英如何通过政治动员、福利承诺来赢得/收买中下层普通选民的选票。

道义经济学要解释的并不是微观经济学现象，而是庇护主义长盛不衰的文化现象，庇护关系中的政客和民众既是一种保护与依附关系，更是一种互相得利的依存关系。在东南亚，诸如菲律宾的家族庇护关系、泰国乡村地区拉票网络（即票头）等传统现象正是由于包含着道义判断、经济判断而极有生命力，这种独特的选举逻辑首先在地方性选举中大行其道，常常服务于“把中央的资源吸引到地方”和“提升本地村落的名气和繁荣度”等现实目标。到了 20 世纪末，当菲律宾的埃斯特拉达和泰国的他信分别发起了民粹主义政治运动后，他们借助不受地方庇护者左右的媒体把底层的选举逻辑“全国化”，即把一种地方性的庇护关系发展为一种全国性的庇护关系，向农民、城市贫民等底层阶级承诺在国家层面重新分配财富。最终，出身电影明星的埃斯特拉达和作为“穷人斗士”的他信不仅成为克里斯玛型政治领袖，更成了超级庇护者。

五　结语：如何思考非西方世界的民粹主义问题

民粹主义是一种世界性的现代政治现象，思考非西方世界的民粹主义问题有助于理解发展中国家的政治抉择、经济模式与文化特质，也有助于从比较的意义上反观西方世界的民粹主义问题，特别是反思自由与民主、市场与资本等西方模式的影响。对于现代化转型远未完成的发展中国家来说，民粹主义的干扰使得这一转型过程更为复杂而不确定，非西方国家如何走自己的路，避开或应对民粹主义的困扰，最终实现政治稳定、经济发展和社会公平，将是一项意义重大的历史

① R. Ibana, “Epilogue: Ordinary People in Everyday Life,” In M. J. Alejo, M. E. P. Rivera and N. I. P. Valencia (eds.), [*De*] *scribing Elections: A Study of Elections in the Lifeworld of San Isidro*, Quezon City: Institute for Popular Democracy, 1996, pp. 130 – 131.

② L. Anek, “A Tale of Two Democracies: Conflicting Perceptions of Elections and Democracy in Thailand,” in R. H. Taylor ed., *The Politics of Elections in Southeast Asia*, Cambridge: Cambridge University Press, 1996, p. 206.

命题。关于非西方国家民粹主义问题的整体性思考，离不开以下两个视角的讨论。

一方面，外部因素的输入性影响。民粹主义在发展中国家的兴起与长盛，是这些国家在20世纪后半叶走上民主政治和自由市场之路的结果。要讨论这个问题，或许可以先回到1878年，重温一下英国皇家地理学会的亨利·沃尔特贝茨（Henry Walter Bates）是如何尖锐地批评墨西哥的经历的。贝茨认为墨西哥的动荡和落后是试图强行推行外来政治文化导致的恶果，“墨西哥人一直被强制做西班牙的政治学徒，被训练得循规蹈矩，受到宗主国不负责任的淫威统治，却突然被号召要做自由的公民，遵从自治原则，并且自愿地实施必要的自制……无须洞悉人性也能知道，这样的尝试必将导致灾难性的结果”①。当然，这一灾难性的结果未必单纯指向民粹主义的政治乱象，但墨西哥的经历在非西方世界很有代表性。美国向菲律宾植入了全套的“殖民地民主”，没有受到过殖民统治的泰国则主动从西方引入了政党政治和民主选举，还有，整个拉美地区都接受了以竞争性选举为标志的民主政治。然而，这些外源性、超前性的政治制度既不是这些落后国家的资本主义经济发展到一定程度的必然产物，与各国的社会发展水平并不合拍，也与本土的、传统的文化价值观格格不入，可以想见，其结果必然会像泰国那样陷入“泰式民主—西式民主—泰式民主”的历史怪圈，或者像拉美那样，代价沉重的民主实践却被西方评价为只有民主之形而无民主之实的“不自由民主”。当西方将自由民主和新自由主义等西方经验一厢情愿地强加于发展中国家时，更大的可能性是这些经验无法保证经济持续增长、无法有效缓解贫困与不平等现象，最终反而激发这些国家的文化保护主义和民族主义意识。比如，“我服从但不执行”在拉美是一个拥有悠久历史的谚语，既可描述拉美人实用主义的民主观，也可折射出拉美文化中的自我保护意识。“那些尚未取得‘现代化’或‘发达’地位的国家，对于控制本国自然资源和经济命运越来越警觉，并认识到了这种控制的必要性。”② 在此意义上说，非西方国家的民粹主义现象首先是外源性现代化进程的产物。

---

① Henry W. Bates, *Central America, the West Indies and South America*, London: Edward Stanford, 1878, pp. 82 – 83；中文转引自塞巴斯蒂安·爱德华兹：《掉队的拉美——民粹主义的致命诱惑》，第28页。

② 肖夏娜·S. 坦塞：《拉丁美洲的经济民族主义》，张森根等译，北京：商务印书馆1980年版，第8页。

另一方面，内部因素的决定性影响。在现代化转型过程中，发展中国家的大部分民粹主义现象并没有表现为所谓反建制、反精英的体制外政治过程，通常的情况是，由于某位政治领袖上台执政后采取了具有民粹主义特征的政治经济政策，民粹主义成为一种施政意义上的体制内政治过程。在非西方国家中，虽然现代政治等于民主政治的理念得自西方的示范，但是民众对民主政治的理解与其说是重视选举民主的程序意义，不如说更重视体现实质民主的施政绩效。威亚尔达认为拉美的民主有赖于经济的持续繁荣，“只要有成功的经济增长，拉美人民就会支持民主”①。西方学者关于民粹主义领导人没有社会变革或经济改革的施政方案的批评是片面的，事实上，民粹主义政党或政治领袖上台执政后，为了获得民众的广泛支持，必须回应经济落后、贫困与不平等问题，必须为人数众多的中下层民众提供更多的福利保障，因此必然需要一整套对资本主义经济有变革意义的经济政策，比如扩大国家干预、限制外国资本、强调经济增长和收入的再分配、采取预算赤字政策以刺激总需求，等等。② 民粹主义政策致力于实现经济增长和社会公平，在道义上本来无可厚非，但是它之所以备受诟病，根本的问题在于这一套经济政策无法实现公平分配与经济增长、国家干预与市场机制之间的平衡。其实许多学者对拉美问题的本质有过相似的判断，都认为其关键在于如何实现经济增长，但是，拉美发展的困境就在于无论是新自由主义还是民粹主义都很难保证持续的经济增长，甚至是藤森、梅内姆等人试图融合新自由主义与传统民粹主义的新民粹主义/右翼民粹主义也难有成效。拉美民粹主义的最大问题是再分配与经济增长常常是脱节的，民粹主义领导人的再分配政策本质上是一种福利赶超，会导致通货膨胀和债务危机，最终导致经济增长乏力或停滞。一旦增长不足，国家能力下降，贫困、不平等和高失业率等结构性问题就会浮现，反过来影响执政合法性。

因此，在民粹主义的政策实践中，根本的问题在于无法在公平分配、社会正义与经济增长、提升效益效率之间实现平衡。在治理能力已成为宝贵的政治资本的时代，政府的治理能力体现在如何实现这种平衡、如何抵御民粹主义诱惑。习近平总书记曾指出：“国际上特别是拉美国家的教训表明，民粹主义是造成‘中

---

① 霍华德·J. 威亚尔达：《拉丁美洲精神：文化与政治传统》，第 394 页。

② 贝拉·格雷什科维奇：《抗议与忍耐的政治经济分析》，张大军译，桂林：广西师范大学出版社 2009 年版，第 128 页。

等收入陷阱’的根源。它有两个突出特点，一是政治上搞盲目民主化，意见纷杂，无法集中力量办事；二是过度福利化，用过度承诺讨好民众，结果导致效率低下、增长停滞、通货膨胀，收入分配最终反而恶化。”① 拉美、东南亚等发展中国家的民粹主义经历表明，福利水平的提高必须与经济的可持续增长相结合，再分配超过国家能力，出现社会政策的超福利化，最终受影响的还是普通的民众。

① 中共中央文献研究室：《习近平总书记重要讲话文章选编》，北京：中央文献出版社2016年版，第325页。

多维度冲突背景下的竞选式执政*

张　琦**

【内容提要】　唐纳德·特朗普（Donald Trump）就任美国总统以来，以共和、民主两党的党间冲突，共和党的党内冲突，以及主要行政部门与司法部门之间冲突、主要行政部门与主要媒体之间冲突为写照的多维度冲突，构成了这一时期濒临失序的政治生态。与上述多维度冲突的政治局面形成鲜明对照的是，缺乏从政经验、欠缺政治资源的特朗普，并未完全受制于相对不利的政治环境，而是通过近两年的执政实践，逐渐搭建起一套以延续与实践“特朗普主义”（Trumpism）为主要线索，并以行政命令、社交媒体、集会演说等为主要方式的竞选式执政框架，在多维度冲突的执政环境下进行持续性的政策推进、政治传播、选民动员。这一套有别于传统执政模式的竞选式执政框架，虽然对于特朗普巩固自身政治基础、延续民粹主义政治联盟起到了一定的推动作用，但却不可避免地加剧了美国社会的撕裂状况与民主政治的既有危机，并导致美国所主导的自由主义世界秩序遭受由内而外的“自杀性”破坏。2019 年以来，随着特朗普第 58 届总统任期进入后半期，美国国内政治纷繁芜杂的局面并未出现根本性改观，而特朗普一切以竞选连任

* 本文受到 2020 年度教育部人文社会科学研究青年基金资助（项目编号：20YJCGJW010）。感谢王玮、谢拴勤与《世界政治研究》匿名审稿专家的宝贵意见，笔者文责自负。

** 张琦，陕西师范大学马克思主义学院讲师。

为纲的竞选式执政框架也未出现显著变化。上述美国国内政治局面与特朗普的非常规执政模式有望进一步延续。

【关键词】 美国政治 特朗普政府 政治生态 国会政治 多维度冲突 竞选式执政

2017 年 1 月特朗普就任新一届美国总统以来，美国国内政治旋即呈现出一种多维度冲突的复杂局面，在其执政的前两年里，国会两党之间、共和党内部，以及主要行政部门与司法部门、主要行政部门与主要媒体之间均陷入了不同程度的冲突之中。与此同时，作为执政主体的特朗普，就任以来一系列有违传统的执政方式引发广泛关注与讨论。对于美国国内政治的上述演变，学界、媒体均已给予了密切跟踪与考察。然而，多数观察普遍忽视了两方面的问题。其一，特朗普是引发其就任以来美国国内政治“乱象”的直接原因，但并非根本原因。美国国内政治在特朗普就任后所凸显的诸多问题，早在 2016 年大选之前就酝酿已久，并为特朗普时期的集中爆发埋下了伏笔。其二，特朗普就任总统之后所采取的一系列非常规的执政方式，与其个人偏好、身份特质有着密切关系，但也与其就任以来所面临的国内政治生态，即执政环境有着重要联系；而其执政模式的非常规性并不必然意味着非合理性，甚至是无效性。在 2016 年美国大选期间，特朗普以“反政治正确”为代表的一系列竞选言行受到广泛关注，但在大选结果出炉前鲜有对上述现象背后逻辑的深层探讨，而是更多聚焦于对现象本身的描述与报道。在特朗普第 58 届总统任期已经过半的今天，如果继续以一种经验主义或是缺乏辩证性的视角审视特朗普“真人秀”一般的执政表现，或将重蹈 2016 年大选中集体误判的覆辙。本文尝试从多维度冲突这一特朗普就任以来的美国国内政治生态谈起，辨析其主要原因，进而探讨在此背景下特朗普所实施的竞选式执政的主要理念、方式、效果及影响。

需要说明的是，对于特朗普就任以来的执政表现与美国国内政治演变，倪峰、刁大明、谢韬等学者已经从政策理念、具体“成绩”与关键因素、历史视角等多个方面给予阶段性总结与辨析，① 本文则意在循着从执政环境到执政方式的线索，

① 倪峰：《特朗普政府内外政策探析》，《当代美国评论》2017 年第 1 期，第 25 页；刁大明：《美国特朗普政府首年执政评估》，《美国研究》2018 年第 1 期，第 11 页；谢韬：《美国大历史视角下的特朗普政府》，《人民论坛 · 学术前沿》2018 年第 22 期，第 6 页。

对特朗普执政前两年的美国国内政治生态与具体执政状况进行回顾与评估，同时为观察与理解特朗普的后续执政与美国政治的未来演变提供参考与借鉴。

一 多维度冲突：濒临失序的美国政治生态

回顾特朗普执政前两年里美国国内政治的演变可以发现，国会两党之间、共和党内部，以及主要行政部门与司法部门之间、主要行政部门与主要媒体之间的多维度冲突构成了这一时期美国政治的基本局面，政治架构中的每一个主要部门，以及在政治、社会生活中发挥着巨大影响的媒体，全都成为冲突的主要参与方。图 1 显示了特朗普执政前两年里多维度冲突的政治生态。

（一）常态化的党间冲突

共和、民主两党的党间角力长期以来就是美国政治的主旋律，而在特朗普就任总统的前两年里，两党的党间冲突则上升到一个新的层次。以往主要在两院分治或“分立政府”状况下凸显的党间矛盾，在共和党同时占据参众两院多数席位，并且府会一致的状况下表现得更为突出，特别是在新一届联邦政府组阁、联邦最高法院大法官席位补充、重大立法三个方面得到了典型体现。①

在特朗普就职初期，共和、民主两党围绕新一届政府内阁人选展开大规模的“正面对抗”，新一届政府的财政部长、司法部长、卫生与公共服务部长、教育部长四位部长人选与国务卿人选都是凭借共和党的相对多数席位获得通过。上述提名人选在参议院相关委员会的提名确认阶段，没有获得一位民主党参议员支持，投票结果完全严格按照党派划线；② 进入全院投票阶段以后，四位部长人选

① 第 115 届美国国会自 2017 年 1 月 3 日开始运作，至 2019 年 1 月 3 日结束。这一阶段覆盖了特朗普担任第 58 届总统任期的前 23 个月。在这一时期，共和党同时在参、众两院占据相对多数席位，其中共和党在参议院始终保持在 50—52 席的相对多数，在非共和党参议员中，伯尼 · 桑德斯（Bernie Sanders）与安格斯 · 金（Angus King）为独立党派议员；而在众议院中，共和党则始终保持在 235—241 席的相对多数。

② 史蒂文 · 姆努钦（Steven Mnuchin）的财政部长提名在财政委员会以 11—0 通过，全体民主党议员抵制；杰夫 · 塞申斯（Jeff Sessions，已辞职）的司法部长提名在司法委员会以 11—9 确认；汤姆 · 普莱斯（Tom Price，已辞职）的卫生与公众服务部长提名在卫生、教育、劳工和养老金委员会以 11—0 通过，全体民主党议员抵制；贝特西 · 德沃斯（Betsy DeVos）的教育部长提名在健康、教育、劳工和养老金委员会以 12—11 确认；雷克斯 · 蒂勒森（Rex Tillerson）的国务卿（前任）提名在外交关系委员会以 11—10 确认。

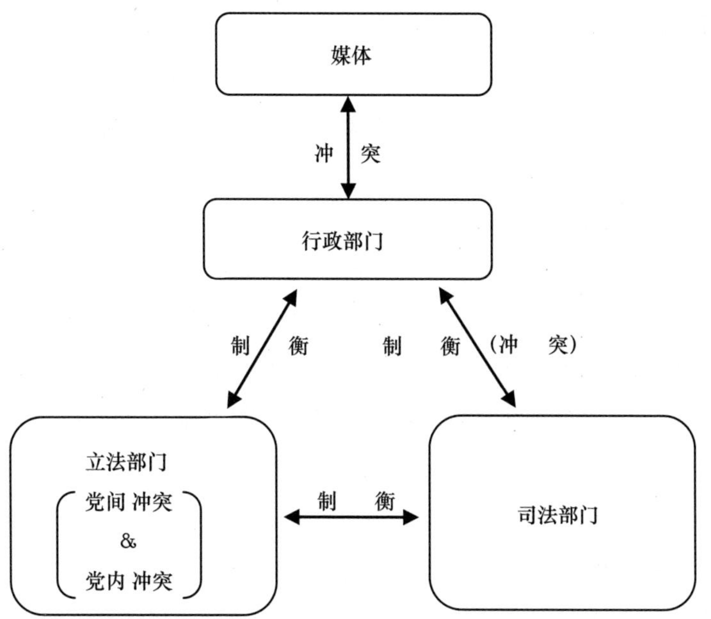

图 1　特朗普执政前两年多维度冲突的政治生态①

资料来源：笔者自制。

总计只获得两位民主党参议员的支持，国务卿（前任）蒂勒森虽然获得个别民主党参议员支持，但是这些议员或来自 2016 年大选中特朗普获胜的州，或面临 2018 年中期选举的压力。2018 年 3 月，特朗普提名迈克·彭佩奥（Mike Pompeo）为新任国务卿，类似状况再度上演。② 虽然在往届政府组阁过程中，两党围绕某些人选意见对立的情况时有发生，但像特朗普时期造成如此广泛并且强烈对峙的情况还是屈指可数。

围绕联邦最高法院大法官的席位补充，在尼尔·戈萨奇（Neil Gorsuch）与

① 媒体对于包括行政、立法、司法部门在内的整个政治体系都有监督作用，即与上述三个部门都存在冲突的可能。本文将联邦行政部门首脑，即特朗普所面临的政治生态作为探讨的主要对象之一，故在图中仅注明行政部门与媒体之间的关系。

② 2018 年 3 月下旬，彭佩奥被提名为新任国务卿。在外交关系委员会的提名确认阶段，到场的 20 位两党议员严格按党派投票，形成 10—10 的僵局，其后民主党议员克里斯·库恩斯（Chris Coons）为了推进议事程序，将自身立场由“反对”改为“出席”，使得在僵局情况下不被计票的缺席共和党议员约翰尼·艾萨克森（Johnny Isakson）的委托投票被纳入计票，从而使得该项提名以 11—9 的结果通过确认；在参议院全院投票阶段，投票情况也基本按照党派划线，彭佩奥仅获得个别面临 2018 年中期选举压力的民主党参议员支持。

布雷特·卡瓦诺（Brett Kavanaugh）两位人选的确认过程中，共和、民主两党的党间冲突贯穿始终。在 2016 年 3 月大法官安东宁·斯卡利亚（Antonin Scalia）离世后，奥巴马总统即提出新任大法官人选。在共和党掌握第 114 届国会多数席位的情况下，参议院未对有关提名进行投票，甚至拒绝举行听证。2017 年年初戈萨奇获得特朗普提名后，两党围绕大法官人选严重对立。在提名确认阶段，戈萨奇的提名在参议院司法委员会以 11—9 严格按照党派划线的结果通过；在首次全院投票碰壁之后，共和党凭借相对多数以 52—48 强行启动“核选项”（Nuclear Option），通过议事规则修改将大法官通过门槛由 60 票降为 51 票，确保戈萨奇在第二次全院投票中通过。[①] 2018 年 6 月，在安东尼·肯尼迪（Anthony Kennedy）大法官宣布退休后，两党围绕卡瓦诺的提名继续展开缠斗，在其整个提名确认过程中所体现出的两党“恶斗”，比之于戈萨奇之时更为激烈与露骨。

在上述人事议题之外，特朗普执政前两年里两党冲突激化还体现在如废除并取代《患者保护与平价医疗法案》（*Patient Protection and Affordable Care Act*，即“奥巴马医改”）、税改等多项重大立法议程中。在第 115 届国会开启后，废除并取代“奥巴马医改”成为共和党的主要立法目标，在围绕这一议题的数次关键性投票中，民主党方面始终“寸步不让”，使得有关法案的通过演变为共和党内部的协调问题，最终导致这一共和党追逐多年的政治目标宣告搁浅。[②]《2017 年减税与就业法案》（*Tax Cuts and Jobs Act* 2017，即 2017 年税改法案）于 2017 年圣诞节前获得通过，但是自该法案最初版本提交众议院以来，在历次投票中没有一位民主党议员表态支持，该法案在众、参两院都是凭借共和党的相对多数席位获得通过。[③] 简而言之，在特朗普执政前两年里，其与共和党极力推动的医改、税改两项重大议程，都受到了民主党方面的全面抵制。截至 2019 年 1 月 20 日特朗普就任总统 24 个月之时，除去税改法案之外，第 115 届国会通过的重大立法寥寥可数。此外，由于两党在围绕童年抵美者遣返、美墨边境墙拨款等议题上难

---

① Ashley Killough, Ted Barrett, “Senate GOP triggers nuclear option to break Democratic fillbuster on Gorsuch,” https://www.cnn.com/2017/04/06/politics/senate-nuclear-option-neil-gorsuch/index.html?from=singlemessage&isappinstalled=0.

② M J Lee, “House Republicans pass bill to replace and repeal Obamacare,” https://edition.cnn.com/2017/05/04/politics/health-care-vote/.

③ Jasmine C Lee, Sara Simon, “How Every Senator Voted on the Tax Bill,” https://www.nytimes.com/interactive/2017/12/19/us/politics/tax-bill-senate-live-vote.html.

以达成妥协，联邦政府三度关门，其中2018年12月至2019年1月长达35天的第三次关门创造了联邦政府关门时长的新纪录。①

如上所述，虽然特朗普在其执政前两年里是美国政治舞台上的主角，但是常态化的党间冲突构成了这一时期美国政治的底色。两党政治中呈现出的斗争远大于合作、党派利益至上的状况，不仅加剧了政治体系的衰败，也导致了政治规范的进一步式微。②

（二）共和党碎片化状况下的党内冲突

相对于具有长期历史渊源的党间斗争，共和党内的碎片化是近十年来美国政治的一大突出特征。在特朗普执政的前两年里，共和党内部的温和派、传统建制派与极端保守派，在多个议题上相互撕扯，使得共和党的内部冲突在“一致政府”的背景下进一步放大，成为这一时期美国政治生态的另一大特征。

众议院方面，由于以“自由连线”（Freedom Caucus）党团为代表的非共和党主流势力的活跃，使得共和党的政治议程屡屡遭遇波折。在第115届国会中，由30余位持有自由意志主义、财政保守主义立场的保守派共和党众议员组成的“自由连线”党团，在医保、预算等议题上坚守自身立场，拒绝向共和党主流靠拢，时常扮演众议院中关键少数的角色。2017年3月24日，因为“自由连线”部分议员对于废除并取代“奥巴马医改”相关议案的反对态度③，前众议院议长保罗·瑞恩（Paul Ryan）被迫撤回已经提交全院等待投票的法案。④ 在“自由连线”党团之外，由近50位持有温和立场的共和党众议员组成的“星期二党团”（Tuesday Group）也时常向共和党主流发难。正是在上述党内碎片化的背景下，形式上占据多数的众议院共和党，在实际运作中往往难以协调一致，瑞恩等共和党高层在面对党内协调事宜时，时常要面对“按住葫芦浮起瓢”的尴尬局面。

参议院方面，共和党内部的碎片化状况相比众议院并不落下风。在由传统建

① James Fallows, “What 35 Days of Shutdown Accomplished: Nothing,” https://www.theatlantic.com/notes/2019/01/what-35-days-shutdown-accomplished-nothing/581392/.

② E. J. Dionne, Jr., Norman J. Ornstein, Thomas E. Mann, *One Nation after Trump: A Guide for The Perplexed, the Disillusioned, the Desperate, and the Not-yet Deported*, New York: St. Martin's Press, 2017, p. 65.

③ “自由连线”是共和党内废除并取代“奥巴马医改”的坚定支持者，但是由于其极端保守化的政治立场，部分成员反对2017年3月所提法案中保留部分“奥巴马医改”的折中条款，因此拒绝支持相关法案。

④ Scott Wong, “House GOP abandons Obama Care repeal effort in stunning defeat,” http://thehill.com/policy/healthcare/325690-house-expected-to-pull-obamacare-vote-from-schedule.

制派占据多数的共和党主流之外，长期以来被视为参议院共和党中游离力量的苏珊·柯林斯（Susan Collins）、莉莎·穆考斯基（Lisa Murkowski）等温和派参议员，与近年来随着“茶党”运动进入参议院的泰德·克鲁兹（Ted Cruz）、兰德·保罗（Rand Paul）等极端保守派参议员，在多项重大议题上时常各持己见、互不退让。与此同时，以已故共和党资深参议员约翰·麦凯恩（John McCain III）为代表的个别参议员，由于其“特立独行”的政治风格或对于政治规范失序的失望态度，频频以党内不同意见者的姿态出现。换言之，与众议院的状况类似，参议院共和党议员与其说同属于一个政党，倒不如说更像一个由不同派系组成、难以同心同德的保守派阵营。2017 年 7 月 28 日，参议院举行第 115 届国会开启以来围绕医改议题最为重要的一次投票，共和党有望借此机会彻底改写国内医保政策。但在此次投票中，麦凯恩等三位共和党参议员“倒戈”，相关法案在参议院以 49—51 的结果宣告破产，导致第 115 届国会期间共和党在立法层面最为重大的一次挫败，也宣告废除并取代“奥巴马医改”在特朗普任内基本告吹。①

（三）主要行政部门与司法部门之间的冲突

国会两党之间、共和党内部的冲突，塑造了特朗普执政前两年里立法部门的复杂局面，而作为政治架构中另外两极的行政部门与司法部门，在同一时期也屡屡发生碰撞。自特朗普就任以来，各级联邦司法部门与白宫、司法部等主要行政部门，围绕以“旅行禁令”为代表的多项议题展开多番博弈，两者之间的持续冲突使得特朗普时期的政治生态更为纷乱复杂。②

2018 年 6 月 26 日，联邦最高法院以 5—4 的结果宣布支持“旅行禁令”的实施，确认特朗普在相关事宜上的总统权力。③ 而在此之前，行政部门与司法部门围绕“旅行禁令”进行了长达 17 个月的拉锯：2017 年 1 月底，特朗普政府签署以“阻止外国恐怖分子入境美国以保卫国家”为名，以“暂停原有难民接纳

① Russell Berman, “John McCain's No Vote Sinks Republicans ‘Skinny Repeal’ Plan,” https://www.theatlantic.com/politics/archive/2017/07/john-mccains-no-vote-sinks-republicans-skinny-repeal-plan/535209/.

② “旅行禁令”主要是指第 13769 号行政命令及其后续命令。由于命令涉及多个穆斯林人口占多数的国家，因此也被媒体称为“禁穆令”或“穆斯林禁令”（Muslim Ban），本文以特朗普政府的表述“旅行禁令”称之。

③ Robert Barnes, Ann E Marimov, “Super Court upholds Trump travel ban,” https://www.washingtonpost.com/politics/courts_law/supreme-court-upholds-trump-travel-ban/2018/06/26/b79cb09a-7943-11e8-80be-6d32e182a3bc_story.html.

项目 120 天，禁止叙利亚难民进入美国，未来 90 天内禁止伊拉克、叙利亚、伊朗、苏丹、索马里、也门和利比亚 7 国公民入境”为主要内容的第 13769 号行政命令（Executive Order 13769），即第一版“旅行禁令”。其后，华盛顿州西区联邦地方法院①、联邦第九巡回上诉法院先后做出裁决，分别发布、维持临时限制令，在全国范围内暂停实施第 13769 号行政命令的部分内容。② 在第一版“旅行禁令”受挫后，特朗普政府又于 2017 年 3 月初、9 月下旬，先后发布第二、第三版“旅行禁令”（即第 13780 号行政命令、第 9645 号总统公告），而伴随每一版“旅行禁令”发布，司法纠纷都如期而至，联邦地方法院、联邦巡回上诉法院、联邦最高法院全都介入相关上诉之中。第三版“旅行禁令”发布 9 个月后，最终获得联邦最高法院通过。

上述关于“旅行禁令”的博弈，只是特朗普执政前两年里行政部门与司法部门冲突的部分体现。此外，在如庇护城市联邦拨款、DACA（Deferred Action for Childhood Arrivals，即童年时期抵美者暂缓遣返计划）等多个议题上，双方均反复发生抵牾。虽然相较于立法部门，司法部门对于具体政策的影响具有一定的被动性，但是在特朗普执政前两年里司法部门与行政部门之间的持续冲撞，还是对这一时期的国内政治生态、美国边境政策造成了重大影响。

（四）主要行政部门与主要媒体之间的冲突

立法部门、行政部门、司法部门的相互制衡构成美国政治的基本框架，与此同时，媒体作为“第四权力”也在美国社会中扮演重要角色。2015 年 6 月特朗普宣布参选以来，媒体就对其投入巨大关注，使其成为大选前期最受瞩目的候选人。③ 在大选中后期，随着特朗普逐步确立共和党内的领先优势，部分媒体逐渐转变之前的报道方式，体现出明显的倾向性，而特朗普对于部分主流媒体的不满与抨击也逐渐增多。④ 在特朗普执政的前两年里，自大选时期所形成的特朗普与 CNN

---

① James L Robart, District Judge, “State v. Trump,” Case No. C17 - 0141JLR., https://www.leagle.com/decision/infdco20170206h00.

② Sudhin Thanawala, “Federal appeals court refuses to reinstate Trump travel ban,” https://apnews.com/72d31e1526204aeead356ea653169e01.

③ Thomas E Patterson, “News Coverage of the 2016 General Election: How the Press Failed the Voters,” https://ssrn.com/abstract=2884837.

④ Joe Concha, “Media and Trump bias: Not even trying to hide it anymore,” http://thehill.com/blogs/pundits-blog/media/301285-media-and-trump-bias-not-even-trying-to-hide-it-anymore.

(美国有线电视新闻网)、《华盛顿邮报》为代表的部分主流媒体之间的冲突，迅速演变为以白宫为代表的主要行政部门与主要媒体之间的冲突，并且延续至今。[①]

从特朗普及白宫方面来看，冲突恶化的典型表现有：其一，特朗普与白宫新闻部门长期对部分媒体进行公开批评与抵制，特别是特朗普毫不掩饰对于部分媒体的敌视态度。例如自就任伊始，特朗普即频繁斥责 CNN 等媒体制造“假新闻”(Fake News)，指其为“美国人民的敌人”[②]；其二，身为在任总统，特朗普连续三年打破惯例，缺席一年一度的白宫记者协会晚宴，此举被认为是与传统媒体全面对抗的象征；[③] 其三，白宫新闻部门多次拒绝或限制部分媒体的采访报道，并且指责有关媒体的报道“失实”[④]。

媒体方面，加剧冲突的主要体现有：其一，部分媒体将特朗普的当选与执政视为美国分裂或民主倒退的象征，如《华盛顿邮报》自 2017 年 2 月 22 日起，将“Democracy Dies in Darkness”(民主在黑暗中死去)添加到报名标题的 Logo 之下，并且延续至今；[⑤] 其二，部分媒体长期给予特朗普及其行政团队“差评”，多次批评特朗普通过推特发布大量“虚假性”或“误导性”内容，并且对于特朗普政府的人事任命进行抨击；[⑥] 其三，以 CNN 为代表的部分媒体长期对于“通俄门”议题投入高度关注，并且质疑特朗普当选的合法性及其执政能力。

如上所述，自特朗普入主白宫的第一天起，与主要媒体的对抗态势就已形成，而在担任美国总统的前两年里，这一冲突不仅没有淡化的迹象，反而逐步走向“机制化”。以特朗普为核心的行政部门与主要媒体之间的冲突，对于美国的国内政治生态，乃至美国的国际形象都造成了严重的负面影响。

---

① 媒体与特朗普及白宫新闻部门的持续冲突主要以 CNN、《华盛顿邮报》等偏自由派主流媒体为主，部分偏保守派主流媒体如 FOX News(福克斯新闻台)等并未深陷其中，因此本文以“主要媒体”而非“主流媒体”来概括部分媒体与行政部门之间的冲突。

② Donald Trump, “The FAKE NEWS media (failing @ nytimes, @ NBCNews, @ ABC, @ CBS, @ CNN) is not my enemy, it is the enemy of the American People!,” @ realDonaldTrump, February 17, 2017, Twitter.

③ Quint Forgey, “Trump to skin White House Correspondents' Dinner again,” https://www.politico.com/story/2018/04/06/trump-plans-to-again-skip-the-white-house-correspondents-dinner-505507.

④ Lizzie Dearden, “White House bars US press from Donald Trump's meeting with Sergey Lavrov but allows Russia state media in,” https://www.independent.co.uk/news/world/americas/us-politics/white-house-donald-trump-sergey-lavrov-meeting-us-press-barred-comey-russia-state-media-tass-a7729611.html.

⑤ “Democracy Dies in Darkness,” *The Washington Post*, https://www.washingtonpost.com/.

⑥ Glenn Kessler, Salvador Rizzo, Meg Kelly, “President Trump has made 3, 251 false or misleading claims in 497 days,” https://www.washingtonpost.com/news/fact-checker/wp/2018/06/01/president-trump-has-made-3251-false-or-misleading-claims-in-497-days/?utm_term=.326f562c656e.

综上而言，国会两党之间、共和党内部，以及行政部门与司法部门、行政部门与主要媒体之间的多维度冲突，构成了特朗普执政前两年里濒临失序的政治生态。一方面，以党间斗争、党内分裂为主要特点的两党生态塑造了严苛的立法环境，使得第115届国会期间共和党占据两院多数与“一致政府”的优势几近消失；另一方面，以往更多以“守护者”与“监督者”形象出现的司法部门与媒体也成为冲突的主要参与者，特别是主要媒体与行政部门之间的冲突，几乎是大半个媒体行业与特朗普个人之间的“战争”。简而言之，在特朗普执政的前两年里，整个政治生态都处于高压或是对抗状态之中，呈现出一种濒临失序的混乱局面，作为执政者的特朗普，面临着一种遭遇多重障碍的复杂政治环境。

二　造成多维度冲突的原因分析

多维度冲突的政治生态，是特朗普执政前两年里美国国内政治的主要写照。作为上述冲突的主要参与者，同时也是执政者的特朗普，与上述局面的形成有着直接关系。然而在特朗普执政背后，多维度冲突的政治局面也是美国民主政治中一些长期性问题或趋势不断发展演变的结果；与此同时，最近十余年来，美国社会在多个层面日益加剧的分裂状况，以及由此引发的政治体系的代表性危机也为特朗普时期的多维度冲突提供了土壤。

首先，从上述冲突的各个维度来看，它们是政治极化、社会问题司法化等美国民主政治中长期存在的问题或趋势在特朗普时期的最新演变，尽管各个维度的冲突在特朗普就任后同时凸显，然而其肇始都历时已久，并在特朗普当选之前就已经有所显现。

在过去几十年里，共和、民主两党在意识形态上的极端化，利益集团对于复杂政治架构的长期渗透，以及以两党制为特征的政党体制的日益固化，使得美国政治中制衡与妥协的天平越发倾斜，小亚瑟·施莱辛格（Arthur Schlesinger, Jr.）所谓的“寻求解决办法”的政治日益滑向于弗朗西斯·福山（Francis Fukuyama）所言的“否决政治”[①]。特别是在共和、民主两党长期作为政治舞台主角，

① Francis Fukuyama, “America in Decay: The Sources of Political Dysfunction,” *Foreign Affairs*, vol. 93, no. 5, 2014, pp. 5 – 26.

第三党难于真正立足的情况下，政党政治被有力钳制在两党政治的框架之内，两党之间的极化与冲突日益加剧，两党内部的分歧与异化也逐步加深。近几十年来，如“杰利蝾螈”（Gerrymander）式的选区划分使得两党在部分地区的既有优势走向固化；[①] 1992 年总统大选中罗斯・佩罗（Ross Perot）收获近两成普选票，却未能获得一张选举人票的现实，也使得独立候选人或第三党在现有选举制度中的劣势充分显现。[②] 这些因素在导致现有政治体制日益僵化的同时，也成为促使“茶党”势力果断跻身共和党、桑德斯等两党“边缘人”火线入党投身大选的原因所在。[③] 最近十余年来，以联邦政府数度关门为表现的党间斗争频繁上演，以“茶党”左右共和党为例的党内撕裂成为常态，这些状况正是特朗普时期党派冲突激化、党内碎片化的前奏。

与此同时，20 世纪 60 年代以来，随着权利运动的扩大与文化战争的延续，一大批以堕胎为代表的“楔子议题”（Wedge Issue）被推上政治舞台的中央。[④] 随着多个“楔子议题”在美国社会持续发酵，司法部门“不得不”对堕胎、同性婚姻等一些具有争议的重大议题进行裁决，这些裁决对于美国国内政治走向、社会文化变迁都产生了深远影响。[⑤] 与上述现象相对应的是，随着两党在政治理念上的分野日益加剧，以最高法院为代表的联邦司法系统也难以避免地受到两党政治的影响，如里根总统任内成功提名三位联邦最高法院大法官与一位联邦最高法院首席大法官，四位人选均被认为持有鲜明的保守派或是中间偏右立场。[⑥] 而联邦最高法院大法官的人事更迭，又反过来影响最高法院有关判决的结果，对包括总统选举在内的重大事项造成深远影响（如 2000 年总统选举中的“布什诉戈

① 杨悦：《美国众议院选区划分及其政治含义》，《国际论坛》2012 年第 4 期，第 67 页。

② 罗斯・佩罗在 1992 年、1996 年两次美国总统大选中，分别以独立党派人士、改革党（Reform Party）总统提名人身份参选，分别收获 18.91%、8.4% 的普选票，但始终未能获得一张选举人票。

③ 桑德斯自 1990 年当选为佛蒙特州国会议员以来，长期以独立党派身份进行政治活动。2016 年大选来临之际，桑德斯加入民主党参加竞选；2016 年大选结束后，桑德斯即恢复独立党派身份。

④ E. J. Dionne, Jr., *Why Americans Hate Politics*? New York: Simon & Schuster, 2004, p. 329.

⑤ 王希：《原则与妥协：美国宪法的精神与实践（增订版）》，北京：北京大学出版社 2014 年版，第 771 页。

⑥ 里根总统任内，先后于 1981 年、1986 年、1987 年成功提名桑德拉・戴・奥康纳（Sandra Day O'Connor）、安东宁・斯卡利亚、安东尼・肯尼迪为联邦最高法院大法官，并于 1987 年成功提名威廉・伦奎斯特（William Rehnquist）为联邦最高法院首席大法官。上述四位大法官中，斯卡利亚、伦奎斯特为公认的保守派，而奥康纳、肯尼迪则被认为持有温和偏保守立场。

尔案”)。[1] 上述这些以社会问题司法化为代表的现象或趋势，正是特朗普时期两者冲突频发，而共和、民主两党如此重视联邦最高法院人事更迭的根源之一。

此外，部分媒体的“建制化”也是近几十年的一个重要趋势。一方面，在主流媒体阵营中占据多数的自由派媒体与相当比例的偏保守派草根民众在政治倾向上存在显著差距，尽管多数媒体均以客观公正为标榜，但在实际运作中则体现出鲜明的自由派立场。[2] 具有显著保守派倾向的福克斯新闻台（Fox News）在1996年成立之后，短短几年即迅速成为美国有线电视媒体之中的收视冠军，这一现象也从侧面反映了长期以来主流媒体阵营之中的不平衡状况；[3] 另一方面，过去几十年里，包括部分保守派媒体在内的主流媒体在一些主要议题上基本保持一致，如20世纪90年代以来“政治正确”现象在美国社会中的广泛普及就与主流媒体的积极态度有着密切关系，这些因素也在一定程度上加剧了主流媒体的“建制化”色彩。[4] 2016年大选以来，特朗普与主要媒体——特别是自由派主流媒体之间的“战争”，一定程度上也是长期以来缺乏“代言人”的保守派草根民众与“建制化”的部分媒体之间隔阂的延续与放大。因此，在特朗普时期所凸显的多维度冲突，实际上早在其就任甚至是2016年大选之前就已经酝酿已久。

其次，从所围绕的具体议题来看，多维度冲突则是近年来美国社会复杂而多层次分裂状况的集中体现，特别是在既有政治体系面对严重分裂的社会现实的状况下，民主政治的回应性显著下降，代表性受到多方位挑战，导致各方诉求激烈碰撞无法有效缓解，从而为特朗普时期的集中爆发埋下了伏笔。

最近十余年来，美国社会的分裂状况上升到了一个新的高度。其一，以“黑与白”为代表的种族矛盾，以及因堕胎、同性婚姻等“楔子议题”所引发的权利论战，不仅没有随着有关立法或判决的实施得到疏解，反而在近年来变得更为复杂尖锐。其二，随着20世纪80年代以来美国社会贫富差距持续扩大、制造业就业岗位大幅流失，以及2008年金融危机等因素的影响，美国国内近年来围绕经济或民生议题的讨论也日益激烈。其三，随着20世纪下半叶以来非欧洲裔

---

① 王希：《原则与妥协：美国宪法的精神与实践（增订版）》，第582页。

② 赵梅：《特朗普时代的美国媒体》，《国际政治研究》2018年第4期，第37页。

③ 王菊芳、余万里：《福克斯新闻频道的崛起与美国保守主义》，《美国研究》2008年第4期，第105页。

④ 张琦：《美国社会中“政治正确”现象的发展及其最新演变》，《国际论坛》2018年第3期，第69页。

移民比例的不断增加，特别是部分移民进入美国社会之后依然坚持本族裔的传统语言、文化，使得“我们是谁”这样的国家认同问题在过去十余年变得更加突出。[①] 其四，在政治极化与全球化的大背景下，如凯瑟琳·克莱默（Katherine Cramer）等学者所描述的城乡分裂，即以“怨恨政治”（The Politics of Resentment）为体现的所谓“Hillbilly”（“乡巴佬”）与“城里人”之间的龃龉，[②] 以及活跃在华尔街、硅谷，充分享受着虚拟经济收益的“世界公民”，与沉寂于锈带（Rust Belt）及阿巴拉契亚地区，被实体经济凋敝所牵累的“老牌美国人”之间的分化，也在近年来越发彰显。[③] 今天的美国社会与昔日那个“合众为一”的大熔炉已经相去甚远，并逐渐趋向于一个以权利、种族、宗教、文化、地域等因素作为标签，以部落化（Tribalization）作为特征的马赛克拼图。[④]

在上述社会严重分裂的背景下，既有政治体系的回应性显著下滑，代表性面临严峻挑战。一方面，就政治体系自身而言，受政治极化等因素影响，“否决政治”成为常态，政治体系的运转效率大打折扣；另一方面，过去几十年作为政治体系的主要参与者，甚至是决策者的整个精英集团，在全球化、“政治正确”等重大议题上基本保持一致；而共和、民主两党各自的代表性也逐渐定格，在社会分裂的背景下浮现出的部分“弱势”群体——如中下层白人蓝领并不在两大政党的主要关注之内。在上述因素的共同影响下，以往主要由两党精英所主导的政治体系，在面对近年来严重分裂的社会现实时，难以对多样化、部落化的社会现状与由此引发的各类诉求进行有效回应，进而陷于代表性危机之中。此外，在以社交媒体、移动支付为代表的信息技术影响下，政治参与的渠道与可能性被大大扩展，这些变革也对既有政治体系的代表性造成深刻挑战。2009 年以来，右

---

① 塞缪尔·亨廷顿：《我们是谁？美国国家特性面临的挑战》，程克雄译，北京：新华出版社 2005 年版，第 149 页。

② Katherine J. Cramer, *The Politics of Resentment*: *Rural Consciousness in Wisconsin and the Rise of Scott Walker*, Chicago: University of Chicago Press, 2016, p. 45.

③ 除前文提到的 *The Politics of Resentment*: *Rural Consciousness in Wisconsin and the Rise of Scott Walker* 之外，Charles Murray, *Coming Apart*: *The State of White America*, 1960 - 2010, New York: Crown Forum, 2012; Arlie Russell Hochschild, *Strangers in Their Own Land* : *Anger and Mourning on the American Right*, New York: New Press, 2016；J. D. 万斯：《乡下人的悲歌》，刘晓同、庄逸抒译，南京：江苏凤凰文艺出版社 2017 年版；罗伯特·帕特南：《我们的孩子》，田雷、宋昕译，北京：中国政法大学出版社 2017 年版等多部近年来出版的学术著作或纪实文学，都对近几十年来美国社会如城乡分裂、阶级固化等状况进行了描述与探讨。

④ Amy Chua, “Tribal World: Group Identity Is ALL,” *Foreign Affairs*, vol. 97, no. 4, 2018, pp. 25 - 33.

派“茶党”运动、左派“占领华尔街”运动的接连兴起，2016 年大选中由桑德斯与特朗普两位主流政治的“边缘人”与“局外人”所掀起的左、右两翼民粹主义社会运动，就是普通民众对于既有政治体系回应性下滑的集体抗议。随着 2016 年大选的延续，围绕移民、全球化等议题的一系列争议被推上前台，成为特朗普时期多维度冲突所围绕的主要矛盾所在。

最后，在上述长期性因素的基础上，特朗普的当选与执政激化了各个维度冲突的强度，使得以往被既有政治体系所忽视的多对矛盾上升至桌面之上，原本难以进入政治议程中心的争议议题被推向舞台中央，最终导致特朗普时期美国国内政治呈现出多维度冲突的混乱局面。

在党派冲突方面，以共和党身份参选的特朗普在 2016 年大选中，就对民主党以“身份政治”（Identity Politics）为代表的政治理念与锈带、大湖地区的蓝色根基造成了严重冲击，而特朗普上台后与共和党所推动的一系列政治议程又进一步激化了党间冲突。与此同时，近年来在共和党内部屡屡呈现的党内碎片化，也因“一致政府”的局面获得更大的“发挥空间”，在此背景下，党内分裂也被进一步凸显。

在行政部门与司法部门、主要媒体的冲突方面，一方面，随着特朗普的上台与执政，反移民等具有争议性的政策主张被接二连三推上政治舞台中央，为司法部门在相关议题中发挥重要影响提供契机，也导致其与主要行政部门之间的冲突频发；另一方面，特朗普自竞选时期就形成的与主要媒体之间的对抗状态，在其就任后不但未有显著转变，反而进一步走向“机制化”，不仅使其个人处于势同水火的媒体环境之中，同时也极大恶化了整个政治生态，使得多维度冲突的局面全面形成。

三　非常规的竞选式执政

多维度冲突构成了特朗普时期濒临失序的政治生态，那么作为执政主体的特朗普，如何在多维度冲突的背景下执政？其主要执政理念为何？执政方式与实际效果又是如何？考察其执政前两年里的具体表现可以发现，遭遇多重障碍的特朗普并未完全受制于复杂的执政环境，也未对其在竞选时期所主张的政治理念做出大幅调整，而是坚持并延续了以“特朗普主义”为核心的政治理念，同时借由行政命令、社交媒体、集会演说等方式在客观上搭建了一套有别于传统执政模式的竞选式执政框架。通过这套一切以竞选连任为纲的竞选式执政，特朗普在将主要政策主张付诸实践的同时，相对有效地巩固了自身政治基础。

（一）以延续与实践“特朗普主义”作为主要执政线索

2016 年大选初期，特朗普通过抛出以反移民、反全球化为代表的一系列争议性言论，迅速成为选举舞台上的主角。随着特朗普在大选中越走越远，特别是有望获得共和党总统提名，上述政策主张逐步被丰富与细化为一套以“美国优先”（America First）为核心要义，对内强调经济、就业、边境安全，对外回归现实主义甚至是孤立主义的政治理念。通过 2016 年 4 月 27 日的外交政策演讲[①]与 10 月 22 日的“百日新政”演讲，这套被冠以“特朗普主义”的政治理念至 2016 年大选后期基本成型。[②]“特朗普主义”以民粹主义为基本特征，在政治理念上杂糅了本土主义、经济民族主义、孤立主义，以及一定程度的白人至上主义，既有悖于共和党主流长期主张的自由贸易原则，也有别于共和党近年来在移民等议题的政治态度。而与共和党主流政治理念存在显著区别，同时具有“另类右翼”（Alt-right）思潮一些典型色彩的“特朗普主义”，却迎合了相当数量对于政治体系感到失望、对于自身状况陷入焦虑的“沉默的大多数”（The Silent Majority）。通过对“特朗普主义”的鼓吹，特别是对就业、移民等议题的强调，特朗普打造了一个以中下层保守派白人群体为主要组成、以赢得选举为主要目标的民粹主义政治联盟，并一举扭转选举走势，最终入主白宫。

进入执政轨道以来，以共和党身份“借壳上市”的特朗普与前者共同推动医改、税改等共和党传统政治议题。在实行上述“既定项目”的同时，从“局外人”转变为执政者的特朗普，并未因为身份变化而改变“特朗普主义”的政治理念，而是持续地将“特朗普主义”所主张的多项内外政策付诸实践。

在经济、贸易政策方面，特朗普于首个工作日即宣布退出《跨太平洋伙伴

① 张琦：《美国总统特朗普?》，北京：中国财政经济出版社 2016 年版，第 167 页。

② 特朗普于 2016 年 10 月 22 日在宾夕法尼亚州葛底斯堡所发表的演讲，被美国媒体称为“特朗普的葛底斯堡演讲”（Trump's Gettysburg Address）。在这场演讲中，特朗普将其在竞选前期的政策主张条理化、体系化，同时对其当选之后，特别是入职前一百天的主要执政目标做出具体规划，也被称为特朗普的“百日新政”演讲。

关系协定》（TPP，*Trans-Pacific Partnership Agreement*），并在就职百日之内发布以重新评估《多德—弗兰克法案》为代表的多项行政命令。2017 年年底，特朗普签署了三十年来最大规模的税改法案。2018 年以来特朗普政府分别发动对中国、欧盟的贸易战，2018 年 5 月底签署旨在放松银行业监管、刺激经济增长的《经济增长、放松监管和消费者保护法案》（*Economic Growth, Regulatory Relief, and Consumer Protection Act*），并于 11 月底，与加拿大、墨西哥签署旨在取代《北美自由贸易协定》（NAFTA，*North American Free Trade Agreement*）的《美国—墨西哥—加拿大协定》（USMCA，*United States-Mexico-Canada Agreement*）。[①]

在移民、边境安全方面，特朗普政府于就任首周即发布第一版“旅行禁令”，后续发布第二、第三版，并于 2018 年 6 月获得联邦最高法院放行。2017 年公开宣布支持由共和党参议员汤姆·柯顿（Tom Cotton）与大卫·普度（David Perdue）主推的《改革美国移民政策以加强就业法案》（*Reforming American Immigration for Strong Employment Act*），并拟终止 DACA 计划。[②] 2018 年 4 月初，特朗普政府开始推动针对非法移民家庭的“零容忍”（Zero-Tolerance）政策，并于 6 月对该政策中饱受诟病的“亲属隔离”（Family Separation）内容做出调整。[③] 2018 年 11 月，特朗普针对南部边境移民潮发布关闭边境警告，同时发布行政命令禁止向非法越境移民提供庇护。2018 年年底，特朗普在美墨边境墙拨款等事宜上的坚持，引发了美国联邦政府在其任内的第三次关门。

在全球治理与国家安全方面，特朗普以“美国优先”为原则对美国的外交政策进行大幅调整。一方面，特朗普政府对于多个不符合“美国优先”的双边或多边机制“强势退出”，如先后宣布退出 TPP（2017 年 1 月）《巴黎气候协定》（2017 年 6 月）、联合国教科文组织（2017 年 10 月）、联合国全球移民协议（2017 年 12 月）、《伊朗核协议》（2018 年 5 月）、联合国人权理事会（2018 年 6

---

① “United States-Mexico-Canada Agreement,” https：//ustr. gov/trade-agreements/free-trade-agreements/united-states-mexico-canada-agreement.

② 《改革美国移民政策以加强就业法案》将大幅削减合法移民数量、限制亲属移民范围；而 DACA 计划作为奥巴马时期未能实现的《梦想法案》（*DREAM Act*）的补偿方案，给予童年抵美的非法入境者以合法的工作机会。前者虽然受到特朗普的公开支持，但因受到民主党方面的强烈抵制与部分共和党议员的反对，未能在第 115 届国会获得通过。

③ Richard Gonzales，“Trump's Executive Order On Family Separation：What It Does And Doesn't Do，” https：//www. npr. org/2018/06/20/622095441/trump-executive-order-on-family-separation-what-it-does-and-doesnt-do.

月）等；另一方面，特朗普政府则通过多项举措进一步强化美国在军事、经济上的一超地位，如 2017 年、2018 年连续通过《国防授权法案》,[①] 拟通过提高官兵待遇、提升装备能力等多个方面增强美国军力；2017 年 12 月发布任内首份《美国国家安全战略》报告，将经济安全提升到前所未有的高度，将国内经济、贸易政策纳入国家安全范畴等。[②]

如上所述，在 2016 年大选中以“特朗普主义”作为主要政治理念并成功入主白宫的特朗普，在就任前两年里并未如部分媒体或专业人士预期的那样对政治路线做出较大调整，而是将延续与实践“特朗普主义”作为执政的主要线索，在推动共和党传统议程的同时，全力推进以反移民、反全球化为主要特征的内外政策。截至 2019 年第三季度，虽然依然身处多维度冲突的政治局面之中，但特朗普并无对其政治理念与执政路线做出重大调整的迹象。

（二）以行政命令、社交媒体、集会演说作为重要途径

延续与实践“特朗普主义”是特朗普就任前两年里的主要执政线索，而行政命令、社交媒体、集会演说则构成了特朗普推进主要政策、扩大个人影响、巩固政治基础的重要途径。在多维度冲突的政治生态中，缺乏从政经验、欠缺政治资源的特朗普并未完全受制于不利的执政局面，而是通过上述路径在客观上逐步形成了一套与传统执政模式具有显著区别的竞选式执政框架。特别是特朗普在整个执政过程中对于社交媒体超出常规的深度使用，与就任伊始即密集展开的以连选连任为目标的集会演说，成为其非常规的竞选式执政框架中的有机组成，在政治传播、选民动员等方面发挥着重要作用。

（1）行政命令

美国宪法将行政权赋予总统，具有联邦法律效力的行政命令是总统行政权的重要体现。行政命令的签署与发布无需经过国会，主要由总统与行政部门完成，但其可能面临的问题则是司法系统的违宪审查与来自国会的立法否定。此外，行政命令也可被新的行政命令终止或否定。在执政前两年里，虽然特朗普与共和党

---

① 李峥、张磊：《美国〈2019 财年国防授权法案〉主要特点及影响》，《国际研究参考》2018 年第 9 期，第 21 页。

② 倪峰：《变轨、脱轨、延续——从美国对外战略的轨迹看特朗普新版〈美国国家安全战略〉报告的三个特点》，《国际关系研究》2018 年第 1 期，第 21 页。

方面成功推动了《2017 年减税与就业法案》《经济增长、放松监管和消费者保护法案》两项标志性立法，但上述两项法案之外的其他重大立法却屈指可数。相比于冗长且易受多方因素制约的立法程序，作为执政者的特朗普更倚重以行政命令为主的“单边化”行政措施来兑现竞选承诺、推行主要政策。①

截至 2019 年 1 月 20 日就任总统两周年之际，特朗普总计发布行政命令 92 项（Executive Order 13765 – Executive Order 13856）。② 相比于冷战结束以来的四任美国总统，特朗普在执政前 24 个月所发布行政命令的数量仅次于民主党总统比尔·克林顿（Bill Clinton），高于其他三位总统；③ 如果以过去四任总统整个任期所发布行政命令的年均数量作为参考，特朗普执政前两年的年均发布行政命令数量位居第一。图 2 为特朗普执政前 24 个月发布行政命令的月度统计。

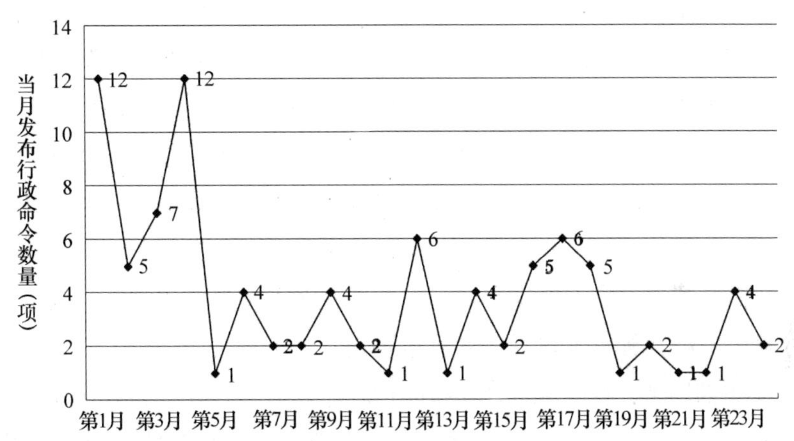

图 2　特朗普执政前 24 个月发布行政命令的月度统计

资料来源：笔者根据相关数据整理，参见 https：//www.federalregister.gov/。

虽然就发布行政命令的数量来看，特朗普并未与前四任总统拉开显著差距，但不同于以奥巴马为代表的前几任总统将行政命令作为施政手段之一，特朗普则是将以行政命令为主的行政措施作为执政的主要工具，特别是借由这一渠道发布

① 刁大明：《美国特朗普政府首年执政评估》，《美国研究》2018 年第 1 期，第 11 页。

② 本文关于行政命令的相关信息均来自 https：//www.federalregister.gov/。

③ 在各自任期的前两年里，老布什、克林顿、小布什、奥巴马发布行政命令的数量分别为 76、113、85、75 项。

了大量具有广泛争议、充分体现“特朗普主义”理念的重要政策。

就任初期，特朗普通过发布多项行政命令兑现竞选承诺，确定政策走向。特朗普在执政首月与执政百日来临之际的第 4 个月都发布了 12 项行政命令，上述两月发布行政命令数量占到执政前两年所发布行政命令的 1/4 还多（如图 2 所示）。其中就任首月，特朗普接连发布了涉及移民与边境安全的第 13767 号、13768 号、13769 号等多项行政命令，推行其在加强美墨边境安全、取消庇护城市联邦拨款、限制部分穆斯林人口占多数国家移民等政策。在就任百日前期，特朗普集中发布了涉及贸易与就业的第 13788 号、13790 号、13796 号、13797 号等多项行政命令，推动以“买美国货、雇美国人”与设立贸易与制造业政策办公室为代表的多项政策。在移民、经贸两个主要议题之外，特朗普还在就职百日内发布了改进政府效能的第 13771 号与强化公共安全的第 13776 号等行政命令，体现了特朗普在竞选过程中多次宣扬的政策目标。

在 2016 年大选投票前 17 天举行的“百日新政”演讲中，特朗普以“特朗普与美国选民的契约”（Donald J. Trump Contract with The American Voter）的形式将以“特朗普主义”为主旨的多项内政外交政策逐条提上日程，直指执政百天。而特朗普在就职初期所发布的这些行政命令，相当比例都是对其竞选承诺的直接回应。[①] 考察特朗普就职前两年的施政表现可以发现，其在就任初期所发布的多项行政命令基本奠定了特朗普政府在相关政策领域的主要框架，确立了新一届政府在移民、经贸等重大议题上的政策走向。

2017 年中期以来，特朗普每月发布的行政命令数量长期保持在个位数，议题趋于多样化，然而这一变化并不意味着行政措施在特朗普执政体系中的作用下降。在立法环境相对严峻、重大立法难以达成的情况下，行政命令始终是特朗普推进主要政策的重要途径。2017 年 10 月中旬，在通过立法程序废除并取代“奥巴马医改”基本无望之后，特朗普发布第 13813 号行政命令，通过行政手段放宽“奥巴马医改”的多项限制措施，对其后续施行造成一定影响。[②] 进入 2018 年后，包括对外制裁在内的多项行政命令成为特朗普政府在内外政策上的重要组成。

---

① Dustin B Levy, The (Hanover, Pa.) Evening Sun, “Trump's Gettysburg address outlines first 100 days,” https: //www. usatoday. com/story/news/politics/elections/2016/10/22/trumps-gettysburg-address-outlines-first-100-days/92596734/.

② Tami Luhby, “What's in Trump's health care executive order?,” https: //money. cnn. com/2017/10/12/news/economy/trump-health-care-executive-order/index. html.

除行政命令之外，特朗普在执政前两年里还多次通过发布总统备忘录（Presidential Memoranda）、总统公告（Presidential Proclamation）等行政措施来推进主要政策，如首个工作日通过总统备忘录宣布退出 TPP，2017 年 8 月中旬通过总统备忘录授权启动“301 调查”，2017 年 9 月通过第 9645 号总统公告发布第三版“旅行禁令”等。

如上所述，特朗普就职前两年的执政历程，以行政命令为主的行政措施在其中发挥着支柱性的作用。在执政初期，特朗普以行政命令作为先声，积极兑现竞选承诺，确立主要政策走向；随着执政的延续，立法环境的复杂化，行政措施实际上成为特朗普在多维度冲突的政治生态下推进政策的主要选项。简而言之，在以党间、党内冲突所构成的严苛立法环境下，缺乏执政经验、欠缺政治资源的特朗普，将行政命令等“单边化”的行政措施作为在政策层面的主要抓手，持续推进主要政策，实现施政目标。

（2）社交媒体

除对行政命令的倚重，特朗普所实施的竞选式执政的另一大典型特征就是对社交媒体的深度使用。在 2016 年大选期间，特朗普就因对推特的热衷引发广泛关注，在众多候选人中独树一帜；进入执政模式之后，特朗普的“推特议政”引发了美国内外的普遍关注，特别是引发了围绕其推特内容与严肃性的讨论。然而，考察特朗普就任前两年的整个执政历程与其对于推特平台的深度使用情况，可以看出推特平台之于特朗普的意义远非社交工具这么简单，它在特朗普的执政过程中扮演着难以代替的重要角色，对其进行政治传播、巩固政治基础发挥了重要作用。

从特朗普就任以来发送推特的数量与影响力来看，自就任总统至 2019 年 1 月 20 日，特朗普通过个人推特账号“@ realDonaldTrump”总计发送推特 5971 条，平均每月发送 248.8 条，最多一月发送 414 条，执政次年所发送推特数量比之于首年更为突出；而相较于被称为“互联网总统”的前任奥巴马，特朗普就任以来平均每月发送推特数量大约是前者的两倍还多。[①] 图 3 为特朗普执政前 24 个月发布推特数量的月度统计。[②] 在特朗普执政的前两年里，其个人推特账号新增关注者 37，120，907 位，总计达到 57，449，213 位，在所有推特用户中位列前 15 位，只有奥巴马一位政治人物排在其之前。

① 奥巴马执政期间，通过其个人账号“@ BarackObama”每月平均发送的推特数量约为 110 条。

② 本文关于推特的相关数据均来自 https：//www. trackalytics. com/。

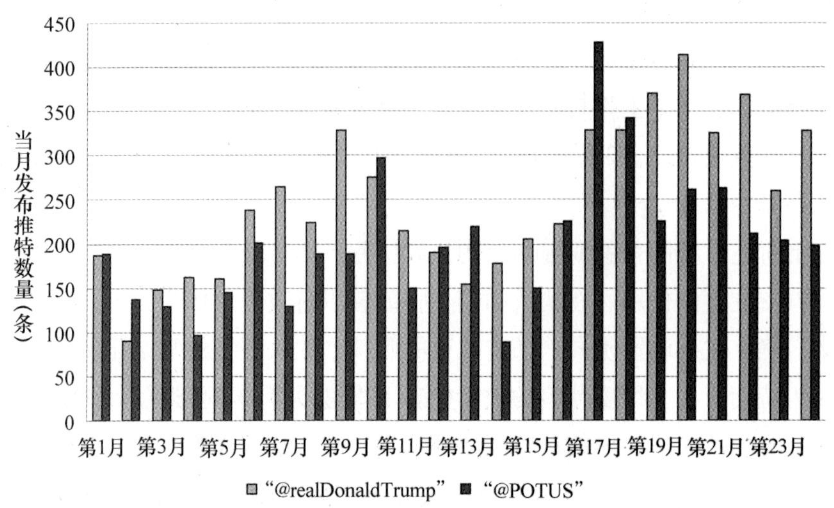

图 3 特朗普执政前 24 个月发布推特数量的月度统计①

资料来源：笔者根据相关数据整理，参见 https：//www. trackalytics. com/。

从特朗普发布推特的风格与内容来看，主要具有以下三个特点：其一，就推特上的语言风格而言，特朗普完全不拘泥于自身的总统身份，而是重点突出其个人特质，如充斥着大量口语化的表达与营销式的自我肯定。其二，特朗普就任以来所发布的推特信息覆盖了大量的政策性内容，毫不隐讳对于某一政治议程的明确态度，将个人意见几乎不加修饰地经由推特平台进行散播。其三，除了政策性内容之外，特朗普个人推特的另一大主题就是"怼"，即反驳或抨击部分主流媒体对其个人负面报道的内容占据相当比例。

在就任总统两年来的整个执政过程中，特朗普没有因为总统身份而放弃推特的频繁使用，反而继续对其投入极大精力，不仅在发送数量与影响力上保持较高水平，并且在风格与内容上颠覆了政治人物在社交媒体上的传统规范。透过上述从形式到内容的"突破"，在一个近乎一边倒的传统媒体环境下执政的特朗普，实际上赋予了作为社交媒体的推特平台一系列"政治任务"，并在客观上使之成为自身执政框架的重要组成。

① "@ POTUS"（President of the United States of America）为美国总统的官方推特账号。自特朗普就任总统以来，该账号由"President Obama"更名为"President Trump"，主要由特朗普的行政团队负责运营。在特朗普执政前两年里，该账号发布推特数量由 347 条增至 4868 条，平均每月发布推特 188 条。

首先，特朗普将推特这一非官方媒体作为信息发布的主要渠道，并将其作为反击主要媒体、抨击政治对手的重要工具。在与主要媒体长期冲突的状况下，特朗普通过对于推特的深度使用，在主流媒体之外构筑了一条由其个人主导，没有信息过滤的传播路径；与此同时，在主流媒体环境中长期处于“被动挨打”局面的特朗普，借助推特平台维护并强化自身形象，针锋相对地对部分媒体与政治对手进行反击。

其次，特朗普对于推特的深度使用，特别是其在内容上的“突破”，使得推特这一社交媒体也成为政治活动的重要一环。就对内政策而言，特朗普通过推特不断散播的具体政策与个人态度在引发争议的同时，也在一定程度上对于特定群体起到了政治施压与政治动员的效果，如 2017 年 3 月医保法案在众议院受挫后，特朗普通过多条推特对于“自由连线”党团进行抨击，对于后者形成了公开的政治压力；[①] 就对外政策而言，特朗普在涉及经贸、朝核问题的多条推特中，不断变换的恫吓与示好等表态，客观上成为其外交政策实施过程中的一部分。尽管自就任以来，围绕特朗普推特内容与严肃性的讨论始终存在，然而特朗普透过推特所传递的部分政策性内容确实对美国的内外事务造成了直接影响。

最后，在与主要媒体激烈冲突的局面下，特朗普通过持续性的推特发布，在客观上营造了一个以个人为中心的、有别于主要媒体甚至所有主流媒体的舆论环境。通过这个与主流媒体平行的舆论环境，同时借助社交媒体的聚合效应，特朗普与其广大同质性的支持者实现了一种非常规的政治互动。[②] 特朗普在推特平台上所实现的口语化、高频次、长效性的信息发布，客观上将古斯塔夫·勒庞（Gustave Le Bon）概括的领袖行事方式，即“断言、重复、传染”[③]，进行反复演绎；而由众多“沉默的大多数”所组成的支持者，则通过推特平台实现了网络渠道下的政治互动，特别是部分在现实生活中可能因为社会压力等因素隐藏自

① Jacob Pramuk, “‘We must fight them’: Trump threatens Freedom Caucus and Democrats,” https://www.cnbc.com/2017/03/30/we-must-fight-them-trump-threatens = freedom-caucus-and-democrats.html.

② 李枫林、魏蕾如：《社会化媒体用户行为的信息聚合机制研究》，《图书馆学研究》2017 年第 5 期，第 52 页。

③ 古斯塔夫·勒庞：《群氓心理学》，陈璞君译，北京：北京师范大学出版社 2018 年版，第 113 页。

身偏好、[①] 在传统媒体上缺乏发声渠道的支持者，在推特平台上通过点赞、转推、回复等方式表达自身政治态度[②]。在“后真相”（Post-truth）的场域中，[③] 事实、真相被情感、信念所替代，特朗普与其核心选民之间的“黏度”，不仅难以受到部分主流媒体的严重冲击，甚至可能借由长效化的推特发布与相关互动被反复强化。[④] 换言之，特朗普在整个执政过程中对于推特平台的深度使用，实际上使得在传统政治环境中被常规政治领导人作为辅助性工具，甚至是“锦上添花”之用的社交媒体，成为非常规总统特朗普在非常态的政治环境下进行广泛政治传播、高效信息投送的主要途径，对其回馈核心选民、巩固政治基础发挥着重要意义。

（3）集会演说

2017 年 2 月 18 日，在就任美国总统后的第 29 天，特朗普于佛罗里达州的奥兰多—墨尔本国际机场（Orlando-Melbourne International Airport）举行就职以来第一场面向主要支持者的演说，同时也是寻求 2020 年大选连任的首场竞选演说。[⑤] 以这场演说为起点，截至 2019 年 1 月 20 日，特朗普总计举行了至少 27 场以 2020 年大选连任为主旨的“竞选集会类”（Campaign-style Rally）演说[⑥]，并于 2018 年 3 月 10 日的第 12 场集会演说中，公布了 2020 大选的竞选口号——“保持美国伟大”（Keep America Great）。[⑦] 图 4 为特朗普执政前 24 个月所举行集

① 曾向红、李琳琳：《身份焦虑与偏好伪装——2016 年美国大选期间民调偏差的社会心理机制研究》，《世界政治研究》2019 年第 1 辑，第 101—140 页。

② 以特朗普在执政第 24 个月所发布推特为例，特朗普在该月度发布的多条推特所获点赞数量都在 3 万次以上，转推数量在 5000 次以上；个别推特所获点赞数量接近 10 万次。

③ 支庭荣、罗敏：《“后真相”时代：话语的生成、传播与反思——基于西方政治传播的视角》，《新闻界》2018 年第 1 期，第 54 页。

④ Michael Kazin, *The Populist Persuasion: An American History*, Ithaca: Cornell University Press, 2016, p. xiv.

⑤ David A Graham, "Trump Kicks Off His 2020 Reelection Campaign on Saturday," https://www.theatlantic.com/politics/archive/2017/02/trump-kicks-off-his-2020-reelection-campaign-on-saturday/516909/.

⑥ 需要说明的是，这类演说不是如发表《国情咨文》《美国国家安全战略》报告之类的官方性质演说，而是特朗普自就职总统以来在多个州举行的以 2020 年竞选连任为主题的集会演说，这类演说没有统一的标准，但均被白宫新闻部门或主流媒体形容为“竞选集会类”演说，这也是本文进行统计的主要依据。进入 2018 年下半年以来，特朗普的集会演说多次与共和党中期选举参选人的助选活动相互结合，特别是自 2018 年 9 月 1 日以来，特朗普在其后两个多月里展开密集的助选演说，这些演说的主要目标是为参加 2018 年中期选举的共和党参选人造势。因此，在本文有关特朗普执政前两年里以竞选连任为主旨的集会演说统计中，并不包括其自 2018 年 9 月 1 日至 11 月 5 日所举行的 30 场助选演说。

⑦ Tom Barnes, "Trump unveils 'Keep America Great' as 2020 presidential election campaign slogan," https://www.independent.co.uk/news/world/americas/trump-2020-campaign-slogan-keep-america-great-again-make-presidential-election-a8250301.html.

会演说的地域分布与具体日期。①

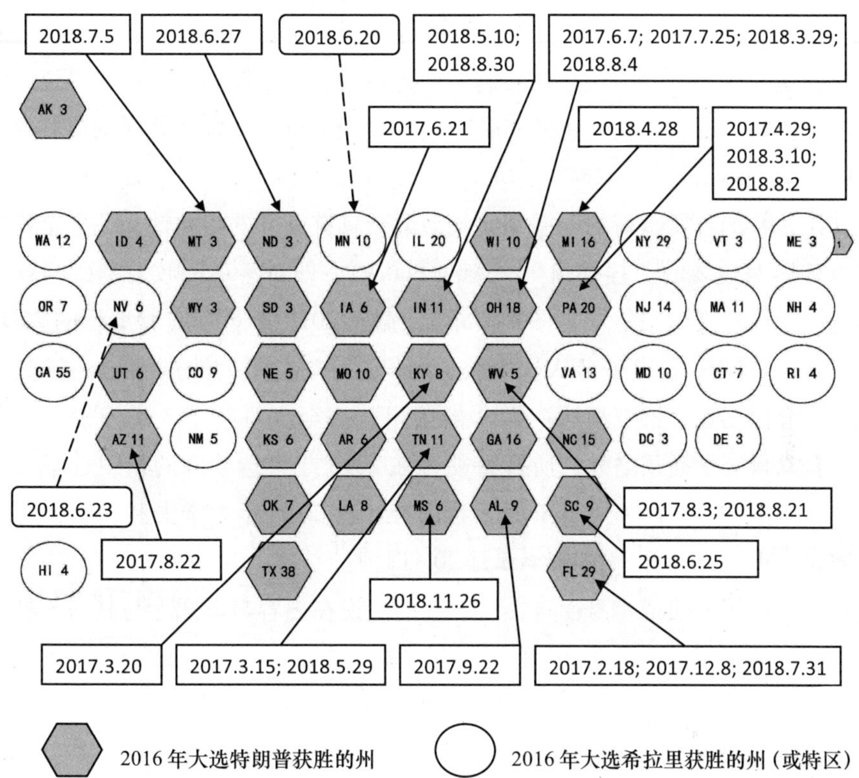

图 4　特朗普执政前 24 个月举行集会演说的地域分布与具体日期

资料来源：笔者自制。

身为在任总统，在执政早期就开始举行旨在连任的集会演说，这种被称为“永久竞选”（Permanent Campaign）的政治策略自 20 世纪 80 年代以来已被数位总统采用。② 相比于其他体制内出身，拥有丰富政治经验与广泛政治资源的总统，“局外人”出身的特朗普自就任以来对于集会演说投入极大精力与强烈热情。考察特朗普执政以来所举行的一系列集会演说，发现其主要具有以下三个

① 如前文所述，图 4 中并未将特朗普于 2018 年 9 月 1 日至 11 月 5 日期间所参加的 30 场围绕中期选举的助选类演说列入其中。

② Brendan J Doherty, *The Rise of the President's Permanent Campaign*, Lawrence: University Press of Kansas, 2012, p. 22.

特点。

首先，与将社交媒体作为政治传播的主要途径类似，特朗普将集会演说作为选民动员的主要舞台。特别是在与主要媒体持续对抗、长期缺乏政治资源的状况下，集会演说成为特朗普对于核心选民最为直接、最具针对性的沟通渠道。特朗普自就任伊始就开始密集举行的集会演说，客观上与社交媒体共同构成其执政体系中的"客户端"。

其次，特朗普所举行的一系列集会演说，具有极强的指向性，几乎全都集中于"红州"与主要的"摇摆州"（Swing States），即对于巩固政治基础与连选连任具有决定性意义的州份（如图 4 所示）。截至 2018 年 8 月底所举行的 26 场集会演说中，特朗普在 2016 年大选中获胜的州总计举行了 24 场演说，特别是在俄亥俄、宾夕法尼亚、佛罗里达三大"摇摆州"都至少举行了 3 场演说，而上述三州也是除得克萨斯州之外，所有特朗普在 2016 年大选获胜的州中选举人票数最多的三个州。[①] 直至 2018 年 6 月，特朗普才在 2016 年大选失利的州举行了第一场演说（明尼苏达州，2018 年 6 月 20 日）。[②]

最后，就集会演说本身而言，特朗普的演说在内容与形式上与其对于社交媒体的深度使用类似，如涵盖大量的政策性内容，极力突出个人政治态度等。不同于部分政治人物以宏大叙事与"政治正确"为主要特点的演说风格，特朗普的集会演说以私人叙事为主，充斥大量"非政治正确"的表达，并且富于情感动员，从演说语言到肢体动作都具有强烈的表演性。虽然自参选以来，特朗普就因语言规范性与演说风格饱受诟病，但是这种"下里巴人"式的表达方式与"剧场政治"式（Dramaturgical Politics）的表现效果，一定程度上迎合了广大受教育程度不高，对于建制派的政治语言感到厌烦的目标选民，也在一定程度上契合了理查德·霍夫斯塔特（Richard Hofstadter）概括的美国政治中的偏执传统[③]与美国社会中的反智特色。[④]

---

① 在所有特朗普于 2016 年大选中获胜的州中，按照各州拥有的选举人票排序，得克萨斯州、佛罗里达州、宾夕法尼亚州、俄亥俄州分别以 38、29、20、18 张选举人票位列第 1 至 4 位。其中位列第 1 的得克萨斯州在过去三十年来，被普遍视为是共和党的"铁票仓"。

② "President Trump Holds Rally in Duluth, Minnesota," http://video.foxnews.com/v/5799958388001/?#sp=show-clips.

③ Richard Hofstadter and Sean Wilentz, *The Paranoid Style in American Politics: And Other Essays*, New York: Vintage, 2008, p. 6.

④ Richard Hofstadter, *Anti-Intellectualism in American Life*, New York: Vintage, 1966, p. 145.

2018 年4 月28 日，特朗普在密歇根州举行就任以来的第14 场集会演说，这场演说充分体现了特朗普集会演说的主要特点。[①] 2018 年白宫记者协会晚宴于演说当天在华盛顿举行，而特朗普连续第二年在这一天远离媒体精英而面向基层选民举行集会演说[②]。演说所在地马科姆郡（Macomb County）是典型的锈带地区，2017 年该郡有 1/5 左右的就业人口在汽车、钢材等传统制造业企业任职。2016 年大选中，特朗普在该郡获得 224，589 张选票，超出竞争对手希拉里 48，351 张，对其在整个密歇根州的胜利具有决定性意义（特朗普在整个密歇根州净胜 11，612 张选票）。[③] 在 2018 年 4 月 28 日的演说中，特朗普主要围绕经贸、就业、对外政策等议题展开。虽然部分主流媒体对于特朗普的演说给予尖锐批评，如指其演说内容缺乏总统气度、部分观点有违经济学常识等，但是从实况报道来看，演说现场气氛较为高涨，特朗普诸如“（过去几届美国政府）背叛了你们……而我正在解决问题”之类的表达引发现场听众强烈回应。[④] 面对媒体采访，超过一半的受访者表达了对特朗普宣扬的提高关税、减少逆差等政策主张的认可，表示将会在2020 年大选中支持其连任。

如上所述，自就职第一个月起，特朗普就将整个施政过程与持续进行的“竞选集会类”演说融为一体，将“永久竞选”的政治策略与反建制的身份特质相结合，持续营造一种社会运动化的政治氛围，进行持续性、针对性的选民动员。虽然特朗普就任以来的一系列集会演说，不再像2016 年大选期间那样引发普遍关注，但是对于特朗普执政，特别是巩固政治基础的意义却不容忽视。

综上所述，特朗普就任以来，以延续与实践“特朗普主义”作为主要执政线索，在政策层面，通过行政命令为主的行政措施，实现主要政策的快速落地与持续推进；在政策层面之外，借由常态化的推特发布与集会演说进行长效性的政治传播与选民动员，在客观上搭建了一套与传统执政模式有着显著区别的竞选式

---

① Rachel Chason and David J. Lynch, “Trump Rallies in Mich. , Touting economy and diplomacy and blasting media,” https://www.washingtonpost.com/politics/trump-rallies-in-mich-touting-economy-and-diplomacy-and-blasting-media/2018/04/28/68985f74-4a92-11e8-827e-190efaf1f1ee_story.html.

② 2017 年4 月29 日，在2017 年白宫记者协会晚宴举行的当天，特朗普与副总统迈克·彭斯（Mike Pence）于宾夕法尼亚州的哈里斯堡（Harrisburg）举行就任以来的第4 场集会演说。

③ “2016 Michigan Presidential Election Results,” https://www.politico.com/2016-election/results/map/president/michigan/.

④ “President Trump Remarks at Michigan Rally,” https://www.c-span.org/video/?444641-1/president-trump-remarks-michigan-rally.

执政框架。依据政治观察网站“清晰政治”（RealClearPolitics）所统计的盖洛普(Gallup)、拉斯姆森（Rasmussen)、昆尼皮亚克（Quinnipiac）等多家机构的平均民调数据，特朗普就任第 58 届总统整两年之际，其总体支持率为 41.4%，较之于就任之时跌幅不到 3%。[①] 盖洛普的民调数据显示，2019 年 1 月 20 日前后，特朗普在共和党选民中的支持率为 88%，与其就任之时基本持平。[②] 换言之，特朗普在一个多维度冲突的执政环境中，保持了相对较低、但却相对稳定的支持率。通过对特朗普所实施的竞选式执政的考察可以看出，以“特朗普主义”作为执政理念的特朗普，以在任总统的身份将卡尔·罗夫（Karl Rove）重视草根动员的政治策略与米特·罗姆尼（Mitt Romney）“无视 47%”的政治态度推向极致，一切以竞选连任为纲，并且几乎不加妥协地坚定履行，[③] 在引发美国内外广泛争议的同时，也相对有效地巩固了自身的政治基础。

四　竞选式执政的影响与意义

首先，从执政主体特朗普的角度来说，竞选式执政在客观上为其在多维度冲突的背景下施政提供了一套“解决方案”，并为自 2016 年大选以来所塑造的民粹主义政治联盟提供了持续性的支撑，这也是特朗普在执政前两年里政治基础相对稳固的重要原因。

在 2016 年大选中，特朗普凭借选举人票数方面的优势赢得选举入主白宫。然而作为“局外人”的特朗普不仅缺乏政治经验，并且由于其争议性的政治理念与反建制的身份特质，在就任之后很长一段时间内无法获得全面的政治资源。与此同时，特朗普还需要面对一个由于政治极化、代表性危机等多重因素导致的

① “President Trump Job Approval,” https：//www. realclearpolitics. com/epolls/other/president_ trump_ job_ approval-6179. html.

② “Presidential Job Approval Center,” https：//news. gallup. com/interactives/185273/presidential-job-approval-center. aspx.

③ 卡尔·罗夫是小布什政治生涯的重要“操盘手”，也是后者在 2000 年、2004 年总统选举中的首席战略规划师。卡尔·罗夫在小布什的数次选举中将草根动员作为主要选举策略之一，并在“9·11”事件之后的 2004 年总统选举中，通过宣扬国家安全可能再度受到威胁等被指用散播恐怖气氛的竞选策略来刺激选情。作为 2012 年美国大选中共和党方面的参选人，米特·罗姆尼在 2012 年 5 月的一次私人筹款仪式上表示：“47% 的选民会投票支持奥巴马，他们依赖政府、相信自己是受害者，认为政府有责任照顾自己……而我不会关注这批人。”

多维度冲突的政治生态。在上述背景下，如何避免受制于几乎完全被动的执政环境，同时能够有效推进，甚至是主导政治议程、落实政策目标，是特朗普执政以来的主要考量。回顾特朗普就任前两年的整个执政历程，特别是考察其竞选式执政的主要方式，可以看到特朗普借由行政命令，绕过了由党间斗争、党内分裂所构成的严苛立法环境，兑现竞选承诺、推行主要政策；同时借助社交媒体与集会演说，规避了相对负面的主流媒体环境，进行政治传播、实施选民动员。在“特朗普主义”这一主要线索的引领下，行政命令、社交媒体、集会演说三者为特朗普在多维度冲突的执政环境下，构建了一整套看似不合常规，甚至是缺乏严肃性，但却对其个人具有可操作性，甚至行之有效的执政框架，为其推进执政路线，持续回馈、巩固核心选民发挥了重要作用。图 5 显示了特朗普所实施的竞选式执政的主要方式与多维度冲突的对应关系。

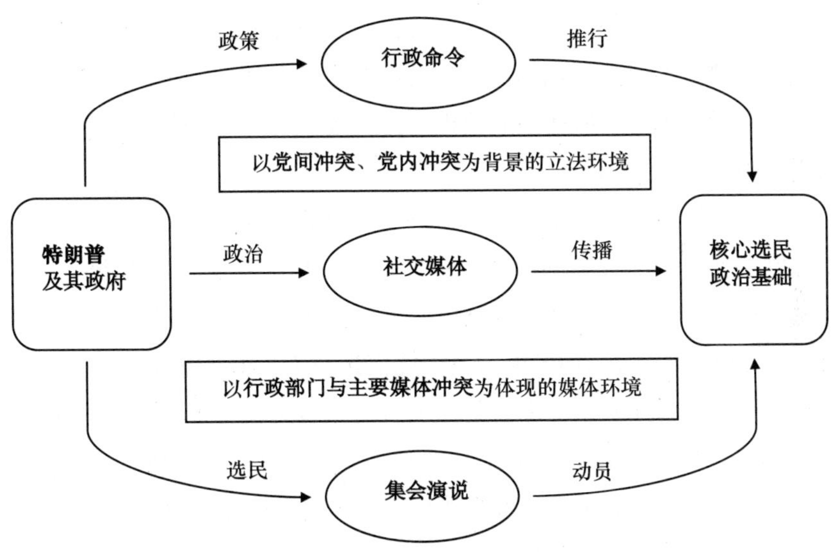

图 5　特朗普竞选式执政的主要方式与多维度冲突的对应关系

资料来源：笔者自制。

回顾 2016 年大选以来特朗普所塑造的民粹主义政治联盟的演变发现，这一在大选过程中以赢得选举为主要目标的政治联盟，在特朗普进入执政轨道以后并未出现显著松动，而是在其竞选式执政的支撑下进一步巩固与延续。一方面，特朗普通过行政命令等手段兑现竞选承诺、推行主要政策，对其提供了政策层面的实质性回馈，如以退出TPP为代表的多项经济、贸易政策，以“旅行禁令”“零容忍”为代表的多项移民、边境政策等；另一方面，特朗普借由社交媒体与集会演说所实现的政治传播与选民动员，对在2016年大选中被动员与塑造起来的“特朗普选民”进行持续“唤醒”与“响应”，使得社会运动化的政治氛围得以长期延续，而其在部分选民眼中“为民请命”“言出必行”的形象也被进一步强化。从某种角度来说，在特朗普所实施的竞选式执政的影响下，以其坚定追随者为核心的一些“特朗普选民”，长期处于一种类似群众运动之中“忠实信徒”的状态。[①] 总而言之，在以多维度冲突为主要特点的政治环境中，特朗普所实施的竞选式执政客观上为以“沉默的大多数”为主的政治联盟提供了从政策层面到舆论层面的持续性支撑，这也是为何在执政前两年里，特朗普在遭遇党内、党外多方掣肘，司法、媒体重重围堵，甚至是“通俄门”长期调查的状况下，依然保持相对稳定支持率的重要原因。

其次，从美国社会与政治的角度来看，在就任总统的前两年里，特朗普所实施的竞选式执政自上而下地加剧了整个美国社会的撕裂，“两个美国”的状况趋于固化，而美国民主政治所面临的危机更为严峻，美国主导的自由主义世界秩序也在遭受“自杀性”的破坏。

特朗普所实施的竞选式执政相对有效地巩固了其自身的政治基础，但也不可避免地加剧了整个美国社会的撕裂。一方面，“特朗普主义”所包含的本土主义、经济民族主义、孤立主义，以及白人至上主义，只体现或代表了部分美国民众的诉求。尽管特朗普在2016年大选中凭借选举人票数的优势赢得选举，然而他所宣扬的上述理念并未获得多数美国民众的认可与支持。走上执政道路之后，特朗普并未对“特朗普主义”这一政治理念做出大幅调整，或是寻求一条相对温和的主流政治道路，而是继续致力推行以修筑美墨边境墙为代表的一系列具有广泛争议的内外政策。特朗普在执政理念上的“坚持己见”、在政策层面的“单向输出”，必然加剧美国社会的撕裂状况。另一方面，特朗普自当选以来将社交媒体与集会演说作为政治传播与选民动员的主要方式，上述行为方式——特别是“推特议政”，本身就存在较大争议，而其以在任总统身份不断传递的争议理念与极端言论也在系统性地加剧整个美国社会的对立情绪。在特朗普所实施的竞选

---

① 埃里克·霍弗：《狂热分子——群众运动圣经》，梁永安译，桂林：广西师范大学出版社2011年版，第3、20页。

式执政的影响下，美国社会以权利、种族、宗教、文化、地域，甚至是本土抑或全球划线的分裂态势进一步加剧，“两个美国”的状况趋于固化。特朗普就任以来发生的多起针对亚裔民众的语言、肢体攻击，2017 年 8 月爆发的以种族议题为导火索的夏洛茨维尔骚乱，2018 年第三季度围绕新晋联邦最高法院大法官卡瓦诺的持续争议，都是这一时期美国社会严重撕裂的典型体现。①

与社会层面的撕裂相对应，特朗普所实施的竞选式执政也对美国的民主政治与美国主导的国际秩序造成了深远影响。特朗普的胜选符合美国总统选举的规程，但特朗普从参选到执政所采取的政治策略，特别是剑走偏锋的执政方式，对于以代议制为核心的民主政治造成了极大挫败。特朗普所实施的竞选式执政，不仅没有改变其参选以来所坚持的民粹主义道路，反而将后者从动员方式、竞选策略转变为政策导向、执政指引。在 2016 年大选中，通过左、右两翼民粹主义社会运动所体现出的部分合理诉求，并没有因为特朗普的执政而以一种相对缓和或具有建设性的方式被接纳、吸收，而是以一种简单粗暴，并且具有强烈破坏性的方式被有选择地极端化推进；② 作为“平民”代表的特朗普，以总统身份从政治体制的内部对“精英”政治进行拆解与颠覆。受到上述因素影响，在特朗普上台之前就呈现出的美国民主政治危机，在特朗普所实施的竞选式执政的冲击下，以一种最不可思议的方式被应对乃至放大。与此同时，在特朗普所实施的竞选式执政的影响下，美国的两党政治也受到了较为严重的冲击。共和党所侧重的主流保守主义意识形态在一定程度上被“特朗普主义”裹挟，试图通过特朗普“借船出海”推进政治议程的“老大党”（GOP，Grand Old Party），正在受到被“特朗普主义”深刻影响的选民所组成的“特朗普党”（TTP，The Trump Party）的反噬；特朗普上台以来，始终把“反对特朗普”作为主要政治策略的民主党，在一定程度上也在竞选式执政的影响与冲撞下疲态尽显，或将在 2020 大选周期或其后迎来新一轮的代际更替、理念重塑。

特朗普所实施的竞选式执政在对美国国内社会与政治造成严重损害的同时，也使得过去几十年来由美国主导的自由主义世界秩序遭受“自杀性”的破坏。在“特朗普主义”的主导下，“美国优先”成为特朗普政府对外政策的指导原则，而

① 孔元：《身份政治、文明冲突与美国的分裂》，《中国图书评论》2017 年第 12 期，第 59 页。

② 周琪、付随鑫：《美国政治中的民粹主义传统及其功能》，《当代世界与社会主义》2017 年第 2 期，第 104 页。

以零和博弈、单边主义取代互利共赢、多边合作，成为其处理对外事务的主要思维框架与行为方式。特朗普就任以来，以宣布退出《巴黎气候协定》、退出联合国全球移民协议为代表的一系列“退群”行为，对以国际制度为框架的全球治理体系造成了严重损害；以对华贸易战、对欧贸易战为代表的一系列“双输”行为，将国际经济与政治重新导向“大国政治的悲剧”方向。受上述因素影响，国际关系，特别是大国政治自特朗普就任以来就处于一种趋于动荡的环境之中，并且这一状况还有长期延续、更趋严重的可能。总而言之，特朗普所实施的竞选式执政对于既有的国际秩序造成了深刻危害，长期以来由美国主导的自由主义世界秩序正在被“推向悬崖的边缘”，世界经济与政治走向面临着极大的不确定性。①

最后，本文主要着眼于对特朗普执政前两年里政治生态与执政理念、方式的辨析，但在上述政治因素之外，美国国内的经济形势也对于特朗普的执政状况具有至关重要的影响。在特朗普的后续任期内，美国国内经济状况的演变是影响其执政状况与能否连任的关键性因素。与此同时，2018 年中期选举后两院分治的状况也将对特朗普的后续执政，乃至美国国内政治走向产生一定影响。

在执政前两年里，美国国内经济形势的一片向好为特朗普的“任性”提供了宽松的经济环境，包括生产、消费、就业等多项指标的正面表现为特朗普发动贸易战等内外政策提供了底气；在未来一段时期内，特别是 2020 年大选周期内，如果美国国内经济走向滞胀，甚至衰退，那么特朗普的执政压力将会大增，其政策选项也会受到一定制约，而其竞选式执政的说服力与动员效果可能大打折扣，长期处于不到五成支持率的特朗普或将陷入“内忧外患”的不利局面。

与经济因素类似，尽管特朗普就任以来长期处于多维度冲突的政治环境之中，但在执政前 23 个月中“一致政府”的状况为其提供了如议程设置等多个方面的优势。经过 2018 年中期选举，特朗普在国会方面的部分优势已经消失，两院分治的局面使其与共和党在立法层面陷入更为被动的局面，在就任前两年里频频陷入僵局的立法环境将会变得更为恶劣。这些变化或将促使特朗普在未来一个时期“另谋出路”，通过在对外事务上的多向发力来打造自身政绩、巩固政治基础、寻求竞选连任。

进入 2019 年以来，随着第 116 届国会的正式开启，多维度冲突的政治环境

---

① 阿米塔·阿查亚：《“美国世界秩序的终结”与“复合世界”的来临》，《世界经济与政治》2017 年第 6 期，第 14 页。

出现了一定程度的变化，但是美国国内政治纷繁芜杂的局面并未出现根本性改观。一方面，随着国会格局与联邦最高法院的结构性变化，共和党的党内冲突、主要行政部门与司法部门之间的冲突有所淡化；另一方面，长期以来作为国内政治主旋律的党间冲突在两院分治的局面下，围绕国内立法的持续缠斗与“通乌门”弹劾案的严重对立进一步延续、放大，主要行政部门与主要媒体之间的冲突仍在不断延烧。与此同时，以常态化的“推特议政”为体现，以修筑美墨边境墙等争议问题为代表，特朗普剑走偏锋、一切以竞选连任为纲的执政框架也并未发生显著变化。

综上所述，在执政前两年里，政治素人特朗普在多维度冲突的背景下构筑了一套有别于政治传统，但却对其个人具有可操作性的竞选式执政框架，并相对有效地巩固了自身政治基础。与此同时，正是在特朗普所实施的竞选式执政的影响下，美国社会的撕裂更为加剧，美国民主政治与国际秩序都面临着更为严峻的考验。在 2020 年美国大选投票来临之前，以美国国内经济状况为代表的多个因素都可能对特朗普的执政与连任造成重要影响，而美国国内政治纷繁芜杂的局面与特朗普所坚持的竞选式执政，在未来一段时期内有望进一步延续。

2016 年 11 月初，斯拉沃热 · 齐泽克（Slavoj Zizek）接受英国记者采访，对即将进行的 2016 年美国大选投票发表评论。齐泽克表示如果非要在希拉里 · 克林顿（Hillary Clinton）与特朗普两位候选人之间做出选择，他将投票给特朗普。在齐泽克看来，相比于希拉里体现出的“真正危险”，即打造一种不切实际的“各派联盟”，进而继续维系既有的政治议程，特朗普的上台或将给美国社会与两党政治带来一次打乱规则、重回原点的机会。[①] 在特朗普的第 58 届总统任期已经过半的今天，新的政治议程尚未全面启动，齐泽克所预言的“大觉醒”也并未到来；与此同时，“乱”则几乎成为特朗普时期对于美国政治的经典概括。然而，回望齐泽克在 2016 年大选投票前的采访评论，特朗普的上台执政到底是给美国政治带来一轮历史性的“关机重启”，还是标志着其正在不可逆转地大踏步走向崩坏，在现时恐怕还难以给出最终答案，但这并不妨碍我们以一种发展、辩证的眼光来观察美国政治的未来演变。

---

① 关于齐泽克的采访发言，参见澎湃新闻：《齐泽克谈美国大选：希拉里“太危险”，情愿特朗普当选》，https：//www. thepaper. cn/newsDetail_ forward_ 1555940。

Abstracts

World Politics Studies, Vol. 3, No. 2, 2020

Conversation: Transnational Population Movement and Changes in World Politics

[**Editor's Notes**] As an important aspect of globalization, transnational population movements have a profound impact on changes in world politics. In recent years, political phenomena such as the revival of nationalism, the rise of populism, and the internationalization of terrorism illustrate the impact of the transnational population movement on the political system and political process. The editorial office invited 10 well-known scholars to discuss the following four essential topics, namely: (1) Transnational population movement as a world political issue; (2) Transnational population movement and democratic politics; (3) Transnational population movement and national governance; (4) The transnational population issue in the Sino-foreign relations. The purpose of publishing this series of articles is to inspire academia to further think about the relationship between the transnational population movement and the changes in world politics.

The Shanghai Cooperation Organization in Russia's Foreign Strategy

Pang Dapeng

[**Abstract**] This paper analyzes the SCO in Russia's foreign strategy from the historical evolution and strategic positioning. Generally, Russia's policy towards the SCO is to consolidate the role of SCO in regional and global affairs, expand SCO's composition, develop the political and economic potential, and take practical measures to strengthen the mutual trust and partnership in Central Asia within the SCO framework. Due to the bidirectional influence of the international situation and domestic politics, Russia's cognition of the SCO, such as SCO's plan, positioning, development prospects, has changed greatly in different periods. Since its establishment, the SCO has experienced important international political events including the "9 · 11", the Iraq War, the "Color Revolution" in the CIS region, the Georgia-Russia conflict, the financial crisis, and the Ukraine Crisis, which have a profound impact on Russia's perspective of the globe and its view of national interest. With the change of governing ideas, Russia's cognition of the SCO has also varied from focusing on SCO's external influence to balance the process of SCO's internal construction. Therefore, the positioning of the SCO has changed from Russia viewing it as a new geopolitical entity in the changing world order, to as a power center of new community in the greater Eurasia. After Putin won the re-election, the main goal of Russia's foreign relations is to deepen the Eurasian integration process, while managing conflicts with the West and persuing both confrontation and cooperation. With a relatively negative view of relations with the West, it is more obivious that Russia is looking east. The role of the SCO in Russia's foreign strategy continues to be strengthened.

[**Keywords**] Russia's Foreign Strategy; The Shanghai Cooperation Organization (SCO); Sino-Russian Relations; National Interests; The Belt and Road Initiative

[**Author**] Pang Dapeng, Research Fellow, Institute of Russian, Eeastern European & Central Asian Studies, Chinese Academy of Social Sciences.

Approaching Significant Tightening: the Changes of National Security Review System on Foreign Direct Investment in Recent Years

Miao Zhongquan

[**Abstract**] The National Security Review on foreign direct investment (FDI) is actually a kind of "political consideration" overriding the mechanism of pure economic interest, which embodies the political group's attitude towards foreign capital, and shows further the bottom-line attitude towards international trade and international political and economic order. In recent years, the major developed economies such as the United States, the United Kingdom, Germany, Australia, Canada and the Europe Union have tightened the national security review system by revising the law. The changes are characterized by the concentration of the date of revision, the enlarged scope of the examination field, including the emerging strategic areas such as high-end manufacturing and high-tech service industries, and the increased emphasis on the review of foreign investment with sensitive background, especially with foreign government background. The emerging outward investment from China has been the main part censored by the new National Security Review on FDI. These changes in National Security Review on FDI are intertwined with the emergence of strong-man politics, populism and great-power competition all over the world, indicating that the liberal myth that has prevailed since the end of the cold war is breaking down in the current international political and economic situation. Contemporary China, which is on the way to renaissance, must adhere to the "bottom line" in a complex and dynamic world of realism. China should resolutely prevent and counter serious harm to the core interests, and should also maintain strategic patience, be prudent and enterprising to handle the international prospects that are not optimistic and strive for maximum benefits.

[**Keywords**] Foreign Direct Investment; National Security Review; Liberal Myth; Strategic Prudence

[**Author**] Miao Zhongquan, Ph. D in International Politics, Research Fellow of State Grid Energy Research Institute.

Authoritarianism, Welfare, and Asylum: A Journey of Populism in the Non-Western World

—The Investigation based on Latin American and Southeast Asian experiences

Lin Hong

[**Abstract**] Non-Western countries are an indispensable part of the global outlook of populism, but the performance of populism in non-Western countries is completely different from that of developed capitalist countries. This fact is evident from the following three observations. First, due to the influence of traditional forces, neo-constitutionalism, and multi-class alliances, non-Western countries are more likely to form authoritarian populism and see the emergence of charisma political leaders. Second, because populist leaders often adopt policies such as expanding state intervention, limiting foreign capital, and emphasizing economic growth and income redistribution in their ruling practices; non-western countries are more likely to embark on the path of welfare populism. The "Pink Wave" in Latin America and the "Thaksin Economics" of Thailand are examples of this practice. Third, due to the long-lasting influence of traditional culture and agricultural civilization, asylums based on land dependency or estate economic relations are deeply ingrained. There exist, of varying degrees, traditional asylum relationships between the elite and the people. In such relations populism and asylum are deeply intertwined. On the holistic thinking of non-Western populism, we must consider the influence of exogenous factors, that is, the stimulus of advanced democratic politics and capitalist models; we must also consider the influence of endogenous factors, especially the governance dilemma of the difficult relationship between fair distribution and economic growth.

[**Keywords**] Authoritarianism; Multi-class Alliance; Welfare Populism; Asylum; Moral Economics

[**Author**] Lin Hong, Professor, School of International Studies, Renmin University of China.

Campaign-style Governance under the Background of American Politics' Multi-dimensional Conflicts

Zhang Qi

[**Abstract**] Since Donald Trump took office, the multi-dimensional conflicts, which included the conflict between the two parties in Congress, the conflict inside of the Republican Party, the conflict between the executive branch and the judicial branch, and the conflict between the executive branch and the main media, constituted a political ecology that is on the verge of disorder in this period. In sharp contrast to the political ecology of the above-mentioned multi-dimensional conflicts, even though Trump lacks political experience and political resources, he is not completely restrained by the relatively unfavorable political situation, and has gradually built a campaign-style governing framework based on the continuation and practice of "Trumpism" as the main clue, and executive orders, social media, rally speeches as the main methods. With this campaign-style governing framework, Trump continuously promoted main policy, political communication, and voter mobilization. This campaign style governance framework, which is different from the traditional governance model, has played a certain role in Trump's consolidation of its political foundation and continuation of populist political alliance, but it inevitably aggravates the tearing situation of American society and the existing crisis of democratic politics, and leads to the "suicide" destruction towards the liberal world order dominated by the United States. Since 2019, Trump's 58th presidential term has entered the second half of its term. The complicated situation of domestic politics in the United States has not changed fundamentally, and Trump's unconventional and "everything for reelection" campaign style governance framework has not changed significantly. The above domestic political situation in the United States and Trump's unconventional governance model will continue further in the foreseeable future.

[**Keywords**] American Politics; Trump Administration; Political Ecology; Congressional Politics; Multi-dimensional Conflicts; Campaign-style Governance

[**Author**] Zhang Qi, Lecturer, School of Marxism Studies, Shaanxi Normal University.